Mafuá do malungo

Manuel Bandeira e João Condé, jornalista muito próximo ao poeta e autor da célebre coluna "Arquivos implacáveis" da revista *O Cruzeiro*.

Se as cores perder o João
Condé, dê-se ao descorado
Uma condecoração:
Assim, do pé para a mão,
Ficará Condé corado.

Nota publicada no suplemento "Letras e Artes" do jornal *A manhã* de 11 de julho de 1948 chamando a atenção para a publicação de *Mafuá do malungo*.

MAFUÁ DO MALUNGO

O acontecimento literário do dia é o novo, o delicioso, o inesperado livro de Manuel Bandeira: "Mafuá do Malungo". Uma linda edição de luxo — 110 exemplares fora do mercado — impressa em Barcelona, e que ao aparecer já é uma raridade bibliográfica. São do "Mafuá do Malungo" os versos que abrem hoje esta página. E o livro é todo assim: jogos onomásticos, versos de circunstancia — mas sempre e acima de tudo, poesia. Não cabe um livro do velho Manú!

```
Ria, Rosa, ria!

                    A Guimarães Rosa

Acaba a Alegria
Dizendo-nos: — Ria!
Velha companheira,
Boa conselheira!

Por isso me rio
De mim para mim.
Rio, rio, rio!
E digo-lhe: — Ria,
Rosa, noite e dia!
No calor, no frio,
Ria, ria! Ria,
Como lhe aconselha
Essa doce velha
Cheirando a alecrim,
A alegre Alegria!
```

Datiloscrito de "Ria, Rosa, Ria!", dedicado ao escritor Guimarães Rosa.

Manuscrito do poema "No aniversário de Maria da Glória".

Manuscrito do poema "Advertência", dedicado ao poeta amazonense Thiago de Mello.

Manuel Bandeira

Mafuá do malungo

Versos de circunstância

Apresentação
Rosana Kohl Bines

Coordenação Editorial
André Seffrin

São Paulo
2015

© Condomínio dos Proprietários dos Direitos
Intelectuais de Manuel Bandeira
Direitos cedidos por Solombra – Agência
Literária (solombra@solombra.org)
3ª Edição, Global Editora, São Paulo 2015

Jefferson L. Alves – diretor editorial
Gustavo Henrique Tuna – editor assistente
André Seffrin – coordenação editorial, estabelecimento de texto, cronologia e bibliografia
Flávio Samuel – gerente de produção
Flavia Baggio – assistente editorial
Elisa Andrade Buzzo – revisão
Eduardo Okuno – projeto gráfico

Imagens:
p. 2, 3 (sup.), 4 e 5: acervo pessoal de Manuel Bandeira, ora em guarda no Arquivo-Museu de Literatura Brasileira/Fundação Casa de Rui Barbosa-RJ.
p. 3 (inf.): Fundação Biblioteca Nacional-RJ.
Todas as iniciativas foram tomadas no sentido de estabelecer-se as suas autorias, o que não foi possível em todos os casos. Caso os autores se manifestem, a editora dispõe-se a creditá-los.
A Global Editora agradece à Solombra – Agência Literária pela gentil cessão dos direitos de imagem de Manuel Bandeira.

Obra atualizada conforme o
NOVO ACORDO ORTOGRÁFICO DA LÍNGUA PORTUGUESA.

CIP-BRASIL. CATALOGAÇÃO NA FONTE
SINDICATO NACIONAL DOS EDITORES DE LIVROS, RJ

B166m
3. ed.

Bandeira, Manuel, 1886-1968
Mafuá do malungo / Manuel Bandeira ; [coordenação André Seffrin]. – 3. ed. – São Paulo : Global, 2015.

ISBN 978-85-260-2169-3

1. Poesia brasileira. I. Seffrin, André. II. Título.

15-19008
CDD: 869.91
CDU: 821.134.3(81)-1

Direitos Reservados

global editora e distribuidora ltda.
Rua Pirapitingui, 111 – Liberdade
CEP 01508-020 – São Paulo – SP
Tel.: (11) 3277-7999 – Fax: (11) 3277-8141
e-mail: global@globaleditora.com.br
www.globaleditora.com.br

Colabore com a produção científica e cultural.
Proibida a reprodução total ou parcial desta obra sem a autorização do editor.

Nº de Catálogo: **3774**

Mafuá do malungo

O Bandeira o que é? É poeta ou não é?

Mafuá do malungo era uma raridade em 1948, ano de sua primeira edição. Apenas 110 exemplares foram impressos para distribuição exclusiva entre amigos. Nenhum livro sequer à venda. Logo os volumes acabaram, provocando "cobiças desenfreadas da parte dos fãs", conforme reporta Manuel Bandeira, envaidecido. E ainda arremata: "Pedem o livro descaradamente".[1] Tudo começou com uma carta enviada a Bandeira por João Cabral de Melo Neto, que atuava então como vice-cônsul do Brasil na Espanha. Por recomendação médica, o poeta-diplomata havia sido orientado a se dedicar a atividades físicas e resolveu se aventurar na tipografia. Comprou todo o material necessário à impressão manual de livros e escreveu ao seu primo distante, Manuel Bandeira, pedindo que lhe cedesse para publicação "aqueles poemas onomásticos". De fato, desde jovem, Bandeira vinha acumulando versos inspirados em nomes de amigos, a quem homenageava em inspiradas zombarias sonoras:

> O sentimento do mundo
>
> É amargo, ó meu poeta irmão!
>
> Se eu me chamasse Raimundo!...
>
> Não, não era solução.

---

1 Os comentários de Bandeira sobre o sucesso de *Mafuá do malungo* encontram-se em carta a João Cabral de Melo Neto, datada de 4 de agosto de 1948. In: *Correspondência de Cabral com Bandeira e Drummond*. Organização, apresentação e notas de Flora Sussekind. Rio de Janeiro: Nova Fronteira, Fundação Casa de Rui Barbosa, 2001, p. 95.

Para dizer a verdade,

O nome que invejo a fundo

É Carlos Drummond de Andrade.[2]

Esses versos ocasionais, ofertados em aniversários, nascimentos, batizados, bodas ou em dedicatórias de livros, compunham um material leve e despretensioso, que Bandeira hesitava em divulgar amplamente, com a justificativa de que não transcendiam a mera circunstância em que foram produzidos. Debochado, chegou a chamar esse conjunto de poemas de "versalhada". Essa encenação galhofeira de desprezo pela própria obra é parte fundamental na construção da figura do "poeta menor", voltado para o cotidiano desimportante das coisas miúdas, convicto de que "a poesia está em tudo – tanto nos amores como nos chinelos, tanto nas coisas lógicas como nas disparatadas".[3] E aos críticos que insistiam em filiar essa poética despojada ao programa modernista, Bandeira retrucava ainda em tom menor: "muita coisa que ali parece modernismo, não era senão o espírito do grupo alegre de meus companheiros diários naquele tempo [...]. Se não tivesse convivido com eles, decerto não teria escrito, apesar de todo o modernismo, versos como os de 'Mangue', 'Na boca', 'Macumba de Pai Zusé', 'Noturno da Rua da Lapa' etc.".[4] Há um empenho evidente em pensar e viver a poesia em escala diminuta, no circuito dos afetos, distante das panorâmicas. Na mesma medida, Bandeira refuta qualquer intenção modernista no sentimento do humilde cotidiano que se fez sentir desde cedo em sua poesia, creditando a paisagem das ruas, tão visível em seus versos, "muito simplesmente" ao ambiente do

---

2   BANDEIRA, Manuel. Carlos Drummond de Andrade. In: _____. *Mafuá do malungo*. São Paulo: Global, 2015, p. 41.

3   Idem. *Itinerário de Pasárgada*. São Paulo: Global, 2012, p. 27.

4   Idem. Ibidem, p. 109.

morro do Curvelo, onde morou entre 1920 e 1933, anos que, em verdade, foram decisivos para a poesia modernista. Seria tudo obra de contingência, como nos quer fazer crer o poeta?

Sua fala despretensiosa pede certa desconfiança. Como bem observou Flora Sussekind, no texto de apresentação à *Correspondência de Cabral com Bandeira e Drummond*,[5] o elogio da simplicidade contrasta estrategicamente com o crescente sucesso que o poeta experimenta em várias frentes, notadamente nas décadas de 1930 e 1940. No campo literário, publica-se o livro *Homenagem a Manuel Bandeira*, reunindo poemas e estudos críticos de importantes escritores brasileiros por ocasião do cinquentenário do poeta em 1936. No ano seguinte, Bandeira recebe o prêmio da Sociedade Filipe d'Oliveira pelo conjunto de sua obra. É eleito para a Academia Brasileira de Letras em 1940 e nomeado professor de literatura hispano-americana da Faculdade de Filosofia em 1943. Não há dúvida de que o poeta é levado a sério. É nesse cenário de ampla consagração que se pode perceber melhor a oportuna publicação, em 1948, dos descompromissados versos de *Mafuá do malungo*, que por tanto tempo Bandeira resguardara para consumo estritamente familiar. A decisão de divulgar esse material "menor" em momento de grande reconhecimento público ajuda a criar um contraponto irônico à imagem do poeta laureado, como expressam gostosamente os versos:

André, André, André,

O Bandeira o que é?

É poeta ou não é?[6]

---

5 Op. cit., 2001, p. 7-17.
6 BANDEIRA, Manuel. André. In: _____. *Mafuá do malungo*. São Paulo: Global, 2015, p. 112.

É possível estender um pouco mais o alcance da provocação bandeiriana, como sugere ainda Flora Sussekind, se pensarmos que os versos de circunstância não só brincam com a reputação do ilustre poeta, mas também confrontam, em seu tom divertido e circense, o esteticismo mais elevado da chamada Geração de 45. Nesse sentido, pode-se dimensionar melhor a força dos poemas que um dia Bandeira pretendeu minimizar, enquanto neles projetava uma afirmação contundente de sua poética em ponto pequeno, em franco contraste com novas dicções literárias no cenário brasileiro.

De fato, em *Mafuá do malungo* estão concentradas em grau máximo duas qualidades decisivas da lírica bandeiriana, anunciadas nas duas palavras que compõem o título do volume. Como nos esclarece o próprio poeta, "'Mafuá' toda a gente sabe que é o nome por que são conhecidas as feiras populares de divertimentos; 'malungo', africanismo, significa 'companheiro, camarada'".[7] Tem-se assim um livro que conjuga gracejo e amizade, distribuindo afetos sem afetação. Em cada poema, uma piscadela de olho, como na saudação à recém-nascida:

Para a filha (Feliciana?

Joana? Bibiana? Aureliana?

Ana? Mariana? Fabiana?

Herculana? Emerenciana?

Caetana? Diana? Damiana?

Justiniana? Sebastiana?

Valeriana? Taprobana?),

Para a filha de Liliana

E para a própria Liliana

Mando um beijo de pestana.[8]

---

7 Idem. *Itinerário de Pasárgada*, São Paulo: Global, 2015, p. 151.
8 Idem. Liliana. In: _____. *Mafuá do malungo*. São Paulo: Global, 2015, p. 47.

Nesses jogos onomásticos que abrem o volume, há um sem-número de rimas repetitivas, tão previsíveis quanto engraçadas, na medida que encenam um versejar de poucos recursos, acentuando traiçoeiramente a impressão de inabilidade. Não à toa, Bandeira valoriza na tipografia artesanal de João Cabral justamente esse aspecto amador, tão sintonizado com certo ar de improviso que corre nas páginas de *Mafuá*. Quando recebe as primeiras provas do livro, que havia servido de cobaia ao editor iniciante, Bandeira enaltece suas "pequeninas imperfeições", destacando "aquele calor da mão humana, não sei que estremecimento de emoção."[9] Falhar é botar sentimento nas coisas, diz o poeta. Essa cumplicidade entre erro e afeto permeia também o autorretrato do

> Arquiteto falhado, músico
>
> Falhado (engoliu um dia
>
> Um piano, mas o teclado
>
> Ficou de fora) [...][10]

Dentuço, Bandeira ri de si mesmo com a boca escancarada, numa expansão afetiva que se partilha, em pequenas doses, com cada um dos "malungos" homenageados no livro. Tal corrente de troça e afeto se propaga em todas as seções do volume. Seguem-se aos "Jogos onomásticos", "Lira do brigadeiro", "Outros poemas" e "À maneira de...". O ambiente caseiro e fraternal que impregna as dedicatórias cede espaço a novas paisagens. Variam os assuntos e as rimas. Mas a mesma piscadela maliciosa é dirigida à careca do "Excelentíssimo Prefeito", na tentativa de "Mover-se-lhe o sensível peito" diante de

---

9   Op. cit., 2001, p. 63.

10   BANDEIRA, Manuel. Autorretrato. In: _____. *Mafuá do malungo*. São Paulo: Global, 2015, p. 131.

"Um pântano que é de amargar!". De sua janela, o poeta avista um pátio infectado de sujeira e cobra providências do poder público. Exige, em linguagem sarcasticamente empolada, que se ponha o pátio

> Limpo como o olhar da inocência,
>
> Limpo como – feita a ressalva
>
> Da muita atenção e respeito
>
> Devidos a Vossa Excelência –
>
> Sua excelentíssima calva![11]

Carlos Drummond de Andrade foi certeiro ao afirmar que *Mafuá* é uma demonstração de poder que o poeta utiliza nas situações mais cotidianas. Poder de "tirar do atoleiro" palavras capazes de reclamar "essa limpeza essencial"[12] que a poesia reivindica para a vida. Nada mais atual. Criar, com as palavras, demandas de vida límpida, para si, para os amigos e também para os passantes da via pública. Tudo escrito sem dós de peito, em breves gargalhadas.

Rosana Kohl Bines

---

11 Idem. Petição ao prefeito. Ibidem, p. 165.
12 Expressões de Carlos Drummond de Andrade em resenha crítica a *Mafuá do malungo*, publicada sob o título de "O poeta se diverte", no *Correio da Manhã*, Rio de Janeiro, 3 de julho de 1948. Transcrito in: *Manuel Bandeira:* poesia completa e prosa. Rio de Janeiro: Nova Aguilar, 1983, p. 359-362.

Mafuá do malungo

Hoy se ha perdido la buena costumbre,
tan conveniente a la higiene mental, de
tomar en serio – o mejor, en broma – los
versos sociales, de álbum, de cortesía.
Desde ahora te digo que quien sólo
canta en do de pecho no sabe cantar; que
quien sólo trata en versos para las cosas
sublimes no vive la verdadera vida de
la poesía y las letras...

Alfonso Reyes

A João Cabral de Melo Neto,
Impressor deste livro e magro
Poeta, como eu gosto, arquiteto,
Oferto, dedico e consagro.

(Dedicatória da primeira edição)

Jogos onomásticos

Maria da Glória Chagas

Esta é Glória, esta é Maria;
Nome que é nome e renome.
Claro está que com tal nome
Será – fácil profecia –

Boa filha, boa irmã e
Boa esposa. Ó anjos, dai-
-Lhe a gentileza da mãe,
A inteligência do pai.

Nesta vida transitória
Chagas tenha só no nome,
– Nome que é nome e renome –
E tudo o mais seja glória.

Prudente de Morais Neto

O autêntico poeta, dileto
Meu crítico e companheirão,
Deu-me a maior prova de afeto
De que eu podia ser objeto:
Fez-me tio por adoção.

Prudente! Prudente e discreto
Como o avô, o Santo Varão.
Bem grande avô! Bem grande neto,
    O autêntico!

Tomo aqui o tom mais circunspeto
E dou a bênção – ou benção,
Como seria mais correto –
Ao sobrinho do coração,
A Prudente de Morais Neto,
    O autêntico.

Josefina

Em Josefina
Modos, linguagem,
Ar, expressão,
Olhos e riso,
Riso e sorriso,
É tudo imagem
Graciosa e fina
Do coração.

Maria da Glória

– Glória, Maria da Glória.
– Que glória? – De ser bonita.
– Só? – De ter merecimento.
– Só? – De ser boa e simpática.
– Que glória mais problemática!
– Absoluta! Imperatória!
– E habita?... – Não digo. – Habita?...
– Habita em meu pensamento.

Carlos Chagas Filho

Não degenera quem sai
Aos seus – é a lição da História.
Este, que com grande brilho
Já foi Carlos Chagas Filho,
Junta à do pai nova glória,
E hoje é Carlos Chagas pai.

Clara de Andrade

Trago n'alma a devoção
Da mais pura claridade.
Clara d'Ellébeuse? Não!
Clara, mas Clara de Andrade.

Ana Margarida Maria

Ana – Sant'Ana – principia.
Maria acaba. Entre elas brilha
Uma flor branca. E eis, maravilha
De pureza, graça, alegria,
Ana Margarida Maria.

Magu

Magu, Magu, maga magra,
Magra Magu... Mas no corpo
– Como as pequeninas ilhas –
Tem as suas redondezas,
Redonduras, redondelas,
Redondilhas!

Magu é Maria Augusta,
Mas não tem nada de augusta
E é bem pouco mariana.
Magu! Magu?... Maguzinha!
Magra Magu, besourinho
Cor de havana.

Odylo-Nazareth

Vai a bênção que pediste.
Mas a maior bênção é
Ganhar em Natal tão triste
Maria de Nazareth.

Janeiro de 1942

Sílvia Maria

Muitas vezes, de repente,
Sílvia Maria, você
Parece um bichinho que é
Mais bonito do que gente.

Susana de Melo Moraes

Susana nasceu
Na segunda-feira.
E eu, que sou Bandeira,
Embandeirei eu
Esta Lapa inteira:
        Sus, Ana!

Não foi brincadeira:
Muito a mãe sofreu.
Gritava a enfermeira:
        Sus, Ana!

O pai lhe escolheu
Um nome que cheira
À terra fagueira
Do senhor do céu.
É a glória primeira:
        Sus, Ana!

Alphonsus de Guimaraens Filho

Refrão de glória, eis vem no trilho
Do pai – dois mestres em refrães –
Trás Alphonsus de Guimaraens,
Alphonsus de Guimaraens Filho.

Ribeiro Couto

Não é ruim, não é do Couto,
É Rui, mas não é Barbosa:
É, sim, Rui Ribeiro Couto,
Mestre do verso e da prosa.

Clara Ramos

Já cantei Clara de Andrade;
Hoje canto Clara Ramos.
De Graciliano, que amamos,
Grácil filha e claridade.

Verlaine

Não te posso dar flor nem fruto. Folha ou galho,
Sim. Folha e não será de álamo ou tília fina.
Folha do mato, mas cheirosa de resina,
Levando à tua glória uma gota de orvalho.

A Maria da Glória no seu primeiro aniversário

Maria dá glória à menina,
Mas esta dá glória a Maria.
Então viva muito a menina
Para glória maior de Maria.

Omoussi

Omoussi, quero ver neste
Teu neto o divino intento
De te dar completamento
Num filho que não tiveste.

Temístocles da Graça Aranha

A aranha morde. A graça arranha
E vale o gládio nu de Têmis.
Logo se vê que tu não temes,
Temístocles da Graça Aranha.

Carlos Drummond de Andrade

O sentimento do mundo
É amargo, ó meu poeta irmão!
Se eu me chamasse Raimundo!...
Não, não era solução.
Para dizer a verdade,
O nome que invejo a fundo
É Carlos Drummond de Andrade.

Sara

Sara de olhar meigo e bom,
Sara de voz meiga e rara,
Sara, discípula cara,
Sara, rosa de Saron.

Célia

Que idade risonha e bela,
Célia, a dos vinte anos! Eu
Que já possuo de meu
Perto de três vezes ela,
Os teus vinte anos saúdo,
Desejando que os renoves,
Faças conta e fora os noves,
Te reste em venturas tudo!

Bela

Bela, Bela, ritornelo
Seja em tua vida, espero:
Belo, belo, belo belo, belo,
Tenho tudo quanto quero!

Elisa

Dizem os lábios
O que está dentro
Do coração?

– Na face lisa
Dir-te-ão meus lábios
A mesma coisa
Que trago dentro
Do coração,
Elisa.

Sílvia Amélia

Tudo quanto é puro e cheira:
– Manacá, jasmim, camélia,
Lírio, flor de laranjeira,
Rosa branca, Sílvia Amélia!

Liliana

Para a filha (Feliciana?
Joana? Bibiana? Aureliana?
Ana? Mariana? Fabiana?
Herculana? Emerenciana?
Caetana? Diana? Damiana?
Justiniana? Sebastiana?
Valeriana? Taprobana?),
Para a filha de Liliana
E para a própria Liliana
Mando um beijo de pestana.

Rodrigo M.F. de Andrade

Como melhor precisar
Esta palavra amizade?
Nomeando o amigo exemplar:
Rodrigo M.F. de Andrade.

Otávio Tarquínio de Sousa

Não só no nome que brilha
Este é imperador e rei.
Pois tem n'alma, ó maravilha,
Dois tronos de ouro de lei:
Lúcia esposa e Lúcia filha.

Joanita

Não é Joe, não é Joana,
Nem Juanita: é Joanita.
A diferença é pequena,
Mas nessa diferencita,
Que em suma é tão pequenina,
Há a graça que não está dita,
Que é privilégio da dona,
Que já toda a gente cita
E assim talvez não reúna
Nenhuma moça bonita.

Maria Helena

Sou a única bisneta
De meu bisavô Bandeira,
Que era pessoa discreta,
Mansa, desinteresseira,
– Que era, em pessoa, a bondade:
Que responsabilidade!

Álvaro Augusto

Hoje, afilhado, és pirralho.
Mas a infância terá fim
E a herança ilustre comanda:
Álvaro, olha que és Carvalho!
Olha que és Cesário Alvim!
Olha que és Buarque de Holanda!

John Talbot

John Talbot, John Talbot,
He's not very tall, but
He's a baby so sweet, so nice.
He looks like a bird
And I never have heard
Of such kind, such lovely blue eyes.

Duas Marias

Duas Marias: Cristina
E sua gêmea Isabel.
A ambas saúda e se assina
Servo e admirador Manuel.

Pincel que pintar Cristina
Tem que pintar Isabel.
Se o pintor for o Candinho,
Então é a sopa no mel.

Dorme sem susto, Cristina,
Dorme sem medo, Isabel:
Nossa Senhora vos nina,
Ao pé está o Anjo Gabriel.

Hilda Moscoso

O poeta te deseja, Hilda, o favor divino
Neste metro, como teu pai, alexandrino.

Augusto Frederico Schmidt

O poeta Augusto Frederico
Schmidt, de quem dizem que está rico,
Foi homem pobre, certifico,
Mas o poeta sempre foi rico.

Jaime Cortesão

Honra ao que, bom português,
Baniram do seu torrão:
Ninguém mais que ele cortês,
Ninguém menos cortesão.

Sacha

Sacha muchacha,
Nariz de bolacha!

(Meu estro não acha
Outra rima em acha.
Por isso se agacha,
Se cobre de graxa,
Se arranha, se racha,
Se desatarraxa
E pede em voz baixa
Desculpas a Sacha.)

Keats

A thing of beauty is a joy
For ever, Keats exprimiu.
Mas ele próprio sentiu
Quanto essa alegria dói.

Francisca

Francisca, me dá
Tudo aquilo que
Não gostas em ti.
E eu farei com isso
Um prazer tão grande
– Mais lindo que as nuvens
Da alvorada clara!
Mais doce que a brisa
Da alvorada fresca!
Francisca, Francisca!

Rosa Francisca

Francisca, Francisca,
Ai Rosa Francisca,
Me dá tua boca
Dentuça e pequena,
Pequena e sabida!
Francisca, Francisca,
Me dá teus dois pés!
Teus pés tão felizes
De te pertencerem,
De neles pesares,
De andarem contigo.
Francisca, Francisca,
Me dá teus joelhos
Pontudos e finos,
Teus joelhos magros!
Francisca, Francisca,
Francisca, me dá
Tuas pestaninhas
Tão louras, tão brancas,
Tão... tão humorísticas!
Francisca, Francisca,
Ai Rosa Francisca!

Rosa Francisca Adelaide

Francisca, Francisca,
Ai Rosa Francisca,
Francisca Adelaide!

Não queres ser Rosa,
Pois então, Francisca,
Me dá essa rosa:
A rosa mais limpa,
Mais escondidinha
– Rosa bonitinha –,
A única rosa
Em que para sempre,
A todo o momento,
De dia ou de noite,
Feliz, infeliz,
Ai Rosa Francisca,
Tenho o pensamento.

Ai Rosa Francisca!
Ai Rosa
Francisca
Adelaide!

Eunice Veiga

Eunice meiga,
Eunice linda...
Que mais ainda?
– Eunice Veiga!

Rosalina

Rosalina.
Rosa ou Lina?
Lina ou Linda?
Flor ainda!
Flor purpúrea,
Mais singela
Que Adozinda:
Rosalina!
Rosalinda!

Murilo Mendes

Mais te amo, ó poesia, quando
A realidade transcendes
Em pânico, desvairando
Na voz de um Murilo Mendes.

Márcia

Se tomares como Norma
Reto caminho na vida,
Viverás da melhor forma:
Terás bom nome, conforto
E ventura garantida,
Pois chegarás a bom porto
Como ela (ou sem moela!),
    Márcia bela.

Isadora

Pois que és Isadora,
Dança, dança, dança.
Não direi agora
Que ainda és criança.
Mas quando chegares
À idade da trança,
Dança, dança, dança,
Dança até cansares.
Dança, dança, dança
Como na Ásia dançam
As moças de Java.
Pois que és Isadora,
Dança como outrora,
Como linda outrora
Dançava, dançava
Isadora Duncan.

Leda Letícia

Leda Letícia, delícia
Dos olhos de quem a vê,
Triste de quem não a vê,
Pois não sabe o que é a delícia
Maior dos olhos, Letícia!
– Um beijo para você.

Homero Icaza

En el día 10 de Enero
Del año de 62.
Ruego a la Fortuna, a la vida,
A todas las Santas – y a Dios –
Concedan a Homero de Homero
La cosa más apetecida...
En el día 10 de Enero
Del año de 62.

Solange

Para que não falem as más
Línguas, declaro aqui, Solange:
Não sou como os velhos gagás;
De Solange quero só *l'ange*.

Vera Marta

Ver-te e amar-te, Vera Marta,
Obra foi de um só momento.
Nada mais ponho na carta:
Não é preciso, nem tento.

Urânia Maria

Urânia junto a Maria:
Não há nome mais bonito:
A Musa da Astronomia
Junto à Mãe de Deus: Em ti
Se vê, Urânia Maria,
Unir-se um a outro infinito,
O mito à sabedoria,
A vida ao seu outro lado,
Ou seja, tudo abreviado
Num dissílabo – Teti.

Celina Ferreira

Não me tocou levemente:
Tocou-me fundo,
Celina, a tua poesia,
Que me tornou para sempre
Seu cúmplice.

Maria Teresa

Por Maria Teresa,
Filha de Elza e de Rui,
Mana o meu verso e flui,
Cantando em Guanabara
E toda a redondeza
Seus encantos e a rara
Modéstia, de quem fui
E serei sempre fiel
Admirador.
      Manuel.

Ana Margarida

Fosse eu Rubén Darío e mil
Versos faria de seguida
Chamando-te, Ana Margarida,
"La niña bella del Brasil".

Maria Cândida

Disse um poeta de renome
(vai num beijo aqui a lição):
"Quem é Cândida no nome
deve-o ser no coração."

Cândida Maria Cândida
foi, que era minha irmãzinha.
Assim tu, cândida, cândida
hás de ser, pois que és Candinha.

Marisa

Muitas vezes a beira-mar
Sopra um fresco alento de brisa
Que vem do largo a suspirar...
Assim é o teu nome, Marisa,
Que principia igual ao mar
E acaba mais suave que a brisa.

Adalardo

Adalardo! Nome assim
Não parece de homem não.
De estrela alfa, isto sim,
De grande constelação.

Você sempre foi, aliás,
No seu ar fino e galhardo,
Digno do nome que traz,
Meu caro amigo Adalardo.

Eduarda

Mais do que tu de mim
Gosto, Eduarda, de ti.
És mais que sapoti,
Sereia, és sapotim.

A Arnaldo Vasconcelos, respondendo à pergunta: "Quanto mede e quanto pesa o seu coração?"

Quanto mede e quanto pesa,
Arnaldo, o meu coração?
Depende da ocasião:
É às vezes bem pequenino
E pesa mais do que um sino,
Pesa como uma paixão.

Oitava camoniana para Fernanda

De Ely e Lorita, brandos, nasce a branda
(Vede da natureza o ideal concerto!),
Bonita e sem pecado algum Fernanda,
Que alegria dos pais será decerto.
E faça quem sobre o Universo manda
O mundo para ela um céu aberto,
Onde continuamente, como um dia
De claro sol, a vida lhe sorria.

Francisca

Francisca, Chica, Chiquita,
Qualquer *petit nom* que tome,
Quero que seja bonita
Como é bonito o seu nome!

Manuel Bandeira

Manuel Bandeira
(Sousa Bandeira.
O nome inteiro
Tinha Carneiro.)

Eu me interrogo:
– Manuel Bandeira,
Quanta besteira!
Olha uma cousa:
Por que não ousa
Assinar logo
Manuel de Sousa?

Teu nome

Teu nome, voz das sereias,
Teu nome, o meu pensamento,
Escrevi-o nas areias,
Na água, – escrevi-o no vento.

Soneto parnasiano e acróstico em louvor de Helena Oliveira

Houve na Grécia antiga uma beleza rara
(Em versos de ouro o grande Homero celebrou-a),
Linda mais do que a mente humana imaginara,
E cuja fama sem rival inda ressoa.

Não a compararei porém (quem a compara?)
À que celebro aqui: a outra não era boa.
O esplendor da beleza é sol que só me aclara
Luzindo sob o véu do pudor que afeiçoa.

Inspiremo-nos, pois, não na Helena de Troia,
Versátil coração, frio como uma joia,
Em cujo lume ardeu uma cidade inteira.

Inspiremo-nos, sim, de uma Helena mais pura.
Ronsard mostrou na sua uma flor de ternura:
A mesma flor que orna esta Helena brasileira.

Márcia dos Anjos

Ando sem inspiração...
Mas vou ver se agora arranjo os
Versos que o meu coração
Quer para Márcia dos Anjos.

Anunciação

O anjo, embuçado
Num raio X,
Curvou-se e disse:
– Chico de Assis,
Senhora Eunice,
Queríeis filho?
Pois, Deus louvado,
Me maravilho,
Que ouvidos sois:
Dar-vos-á dois!

Luísa, Marina e Lúcia

Esse José Bittencourt
– Chamá-lo-ei José *tout court* –,
Três anjos de muita argúcia
O acompanham, todos três
Lindos, que assim Deus os fez:
Luísa, Marina e Lúcia.

São três anjinhos goianos,
Nascidos faz poucos anos.
Homem de invejável sina
Esse José! Pois três filhas
Tem, três puras maravilhas:
Luísa, Lúcia e Marina.

Jamais irei à Rumânia.
Hei de ir, porém, a Goiânia.
Não à procura de brisa,
(Se há brisa em Goiás!), mas para
Ver essa trindade rara:
Lúcia, Marina e Luísa.

Nieta Nava

O poeta Pedro Nava quando
Se casou, não imaginava
Que assim se estava completando
Um lindo nome – Nieta Nava.

Eneida

Amigo houve aqui que excomungo:
– Amigo de cacaracá.
Tu, tão querida do malungo,
Entra, Eneida, neste mafuá.

Anthony Robert

Anthony Robert,
sweet braggadocio,
     be-
lieve it or not,
I love you much more
than you love me!

Isá

Quisera poder molhar
A minha pena no orvalho
Para num verso imitar
A aurora que ouço cantar
Nos olhos de Isá Bicalho.

Mag

Só mesmo um santo
(Que eu nada valho)
Pode pintar
O jeito, o encanto,
Esse carinho
Posto no rosto
(Por Deus foi posto),
Posto no olhar,
No olhar gordinho
De Mag Bicalho.

Maria Isabel

Cresça em beleza, em simpatia e graças cresça
A filha de Hilda e de João Victor, e eu, Manuel,
Velho bardo, cada vez mais me desvaneça
De meu nome rimar com o seu, Maria Isabel.

Thiago de Mello

Thiago de Mello, cuidado!
Poupa o teu novo sorriso.
Não o dês (nem é preciso)
Ao amigo refalsado,
Ao crítico canastrão,
Ao político safado,
À mulher sem coração!
Não o dês (nem é decente)
À direita e à esquerda, a tantas
Inúteis coisas e gente:
A fariseus faroleiros,
A calhordas sicofantas,
Brasileiros, estrangeiros!
Adverte, em teus desenganos,
Que vale vinte e três anos,
Mil e oitocentos cruzeiros!

Adalgisa

No Hotel D. Pedro
Há uma janela
Onde verás
A planta bela,
Penhor amável
De afeto antigo,
Mandada ao poeta
Que é teu amigo,
Que é teu criado,
Teu fã também,
Agora e na hora
Da morte, amém!

Laura Constância

Em Laura Constância
(Que delícia vê-la
Tão perto da infância!)
Saúdo a nova estrela.

Miguelzinho e Isabel

I

– Que menino inteligente
  Minha gente!
– Saiba que você é o menino
Bisneto de Zeferino.

– Que menina! Que feitiço
  Tem no olhar!
– Pudera! O avô é Ademar...
O pai, Miguel... – É por isso!

II

– Quem é a mãe de Miguelzinho?
– De Miguelzinho? Gisah.
  – Ah!
Por isso é tão bonitinho.

– As avós desta menina
  Quem são?
– Dona Isa, Dona Edina.
– Tem a quem sair então!

III

Miguelito
Pequetito
De olhozito
Redondito
Gaiatito;
Miguelito
Todo em ito:
Cabelito
Narizito;
Miguelito
Queridito,
Miguelito
Tão bonito.

IV

Maria Isabel
Anjozinho *aloof*
De boca de mel,
De olhar triste e fundo,
Mandado a este mundo
De tristezas, uf!
Para ser mulher:

Enquanto és criança
Conta o que ainda resta,
Em tua lembrança
Da pátria perdida.
E eu possa, ouvindo esta
História, esquecer
A madrasta vida.

João Condé

Se as cores perder o João
Condé, dê-se ao descorado
Uma condecoração:
Assim, do pé para a mão,
Ficará Condé corado.

Nininha Nabuco

De Alvim e Melo Franco (Minas),
De Nabuco (Pernambuco)
Deus, tomando o melhor suco,
Formou – inveja das meninas,
Inveja delas e minha –
Maria do Carmo Nabuco
        (Nininha).

Tomy

Este menino, que só
Com me olhar me cativou,
Se tem o nome do avô,
Tenha os encantos da avó.

Marie-Claude

Quelque chose de doux, très doux,
Très (j'en ai l'âme toute chaude)
S'insinue en moi tout à coup:
C'est que je pense à Marie-Claude.

Cristina Isabel

Viva a xará da Imperatriz,
Da Princesa e da Mãe de Deus!
Viva a que é a mais moça dos seus
E a mais nova das minhas Musas,
Toda graça, encanto e harmonia,
Geração de um casal feliz,
Sobre a qual, sobre o qual, profusas,
Chovam as bênçãos de Maria!

Zezé-Arnaldo

Meus caros primos, na data
De hoje, a Jesus Cristo Rei
Alquimista pedirei
Transforme em ouro essa prata,
Ainda que é prata de lei.

Isaías

Deus dê a este novo Isaías
Não visões, não profecias:
Dê o que falta a tanta gente
– Pureza d'alma, semente
Das celestiais alegrias.

Lêdo Ivo

Pronuncie-se, não no exato
Padrão parnasiano Lêdo Ivo,
Mas Lêdo Ivo, com o hiato
Docemente nuncupativo.

Mônica Maria

Seu avô me disse:
– "Mônica Maria
É loura e graciosa".
Foi como se a visse...
Pois de fato a via.
Mais lírio que rosa,
Melhor – madressilva,
Flor de minha infância
– Tamanha distância!
Como na Bahia
Mônica Maria
Pereira da Silva
     Overbeck.

G.S. de Clerq Júnior

Honra ao holandês exemplar
Ao amigo tão verdadeiro
Que, sem se naturalizar
Se tornou grande brasileiro!

Sônia Maria

Sônia, filha de Gilberto
E filha de Madalena,
Cumprirá em moça, decerto,
O que promete em pequena.
Não verei isso de perto,
Serei bem longe... Que pena!

André

André, André, André,
O Bandeira o que é?
É poeta ou não é?
André, André, André,
E você o que é?
É André ou Tomé,
Homem de pouca fé?

Fidelino de Figueiredo

Figueiredo Fidelino,
Fidelíssimo e sincero,
Ser-me-á prazer superfino
Ler o retrato do *Antero*;
Mas como é de bom ensino
Desde já mandar eu quero
Ao mestre que amo e venero
Meu abraço manuelino.

Variações sobre o nome de
Mário de Andrade

Mário

    Inteligência

    Sabor

    Surpresa

As neblinas paulistanas condensaram-se em ácidos
                        [sarcásticos
E queimaram a epiderme azul dos aços virginais
Mas nas sombras mais fundas ficaram os docementes
            [dos nanquins mais melancólicos!...

Como será São Paulo?...
O Paraná com os pinhais intratáveis?
(Não servem para uma exploração regular da indústria
                          [do papel)
Goiás! Ilha do Bananal!
Mas os índios? Os mosquitos?
Os botocudos e os borrachudos...
Como será o Brasil?...
Como será São Paulo?

São Paulo era a Sé Velha
Cercada de sobradinhos coloniais
Na Rua de São João a escala cromática dos para-sóis
                      [dos engraxates

Progredior Politeama

A Casa Garraux vendia também objetos de arte

Camilo Castelo Branco não sabia ainda da existência
[dos piraquaras do Paraíba

Não havia ainda Vasco Porcalho livreiro-editor enco-
[mendando a toda a gente uma novela safada

Havia sim a Avenida Tiradentes espapaçada ao sol
[como um feriado nacional

E o edifício do Liceu implorando baixinho que o
[deixassem em tijolo aparente

(Lá dentro eu desenhando a bico de pena motivos
[arquitetônicos do Renascimento...

As minhas arquiteturas corroídas!...)

Duas vezes por semana música no Jardim da Luz

A banda do maestro Antão

A primeira da América do Sul

O samba de Alexandre Levi

Bis! Bis!

O namorozinho nacional passeando cheio de dengue
[entre os zincos lambuzados de cerveja

Não havia guaraná bebida depurativa e tônico-refrige-
[rante

Quem fazia o policiamento era a torre da Inglesa

O relógio grande batia os quartos um dois três quatro
[e recomeçava indefinidamente sem
[compreender como aquela gente
[podia ainda ouvir Puccini
E em torno dele a garoa paulistana irônica silenciosa
[encharcava todos os minutos

Mas as garoas condensaram-se em ácidos sarcásticos
E queimaram a epiderme azul dos aços virginais:
Mário de Andrade!

Como será São Paulo?
Não havia mais bandeirantes
Nem a lembrança de Álvares de Azevedo
O antigo Largo de São Bento com as árvores nuas e
[magrinhas
Pedia tanto um pouco de neve que lhe desse um
[arzinho de Paris
Os filhos de Bernardino de Campos faziam parte do
[cordão
Nem Teatro Municipal nem Esplanada Hotel
Só havia um viaduto:
Anhangabaú dos suicídios passionais!
Ponte Grande!
Cambuci!
E o cemitério da Consolação...

Mário um cigarro

O punho forte do subconsciente campeia e conjuga
                    [os relâmpagos mais díspares
Os ritmos mais dissolutos
Raivas
Testamentos de Heiligenstadt
Amores fantasmagorias carnavais porrada
Coisas absolutamente incompreensíveis
Como as obras de Deus
Raivas raivas
Bondade
A girândola do último dia de novena
Tudo
Para todos os lados
CATÓLICO

Mário um cigarro

Positivamente esta quarta-feira está quotidiana demais
O leite da manhã tinha mais água
O sol está banal como uma taça de campeonato
Como os bronzes comerciais que representam o
                    [Trabalho
Eu não sei latim
Não sei cálculo diferencial e integral

Não sei tocar piano (por causa de uma sonatina de
[Steibelt)
Não compreendo absolutamente Fichte Schelling e
[Hegel
Victor Hugo é pau
Byron é pau
Mário um cigarro

CAPORAL LAVADO!

Numa pia de igreja em Bizâncio está gravada esta
[inscrição
N I P S O N A N O M H M A T A M H M O N
[A N O P S I N
Soletrada da direita para a esquerda recompõe o
[mesmo sentido
Lava os pecados não laves só a cara
Mário eles não lavam nem os pecados nem a cara
Os homens são horríveis
Por isso HÁ QUE OS AMAR
Com os docementes dos nanquins mais melancólicos

Brasil
Como será o Brasil?
MÁRIO DE ANDRADE

Vital Pacífico Passos

Poeta do *Forrobodó*,
Se és Pacífico não sei,
Mas que és vital jurarei,
Ó satírico sem dó,
Sem dono, sem lei nem laços
– Vital Pacífico Passos!

Poema de duas Magdas

Uma é Magda Becker Soares;
A outra, Magda Araújo.
Ah vida de caramujo
      A minha,
Em que entram moças aos pares,
Mais noivas do que convinha!
Se por uma bebo os ares
– E essa é Magda Becker Soares –
Por sua xará babujo
– *Scilicet* Magda Araújo.

Lira do Brigadeiro

O Brigadeiro

Depois de tamanhas dores,
De tão duro cativeiro
Às mãos dos interventores,
Que quer o Brasil inteiro?
    – O Brigadeiro!

Brigadeiro de verdade!
E o que quer o mau patriota
Que não ama a liberdade,
Que prefere andar na sota?
    – Quer a nota!

A nota tirada ao povo
Pelo Estado quitandeiro
Rotulado Estado Novo.
Quem lhe porá um paradeiro?
    – O Brigadeiro!

Brigadeiro da esperança,
Brigadeiro da lisura,
Que há nele que tanto afiança
A sua candidatura?
    – Alma pura!

Pergunto ao homem do Norte,
Do Centro e Sul: Companheiro,

Quem dos Dezoito do Forte
É o mais legítimo herdeiro?
   – O Brigadeiro!

Brigadeiro do ar Eduardo
Gomes, oh glória castiça!
Que promete se chegar
Ao posto que não cobiça?
   – A justiça!

O Brasil, barco tão grande
Perdido em denso nevoeiro,
Pede mão firme que o mande:
Deus manda que timoneiro?
   – O Brigadeiro!

Brigadeiro da virtude,
Brigadeiro da decência,
Quem o ergueu a essa altitude,
Lhe brindou tal ascendência?
   – A consciência!

Abaixo a politicalha!
Abaixo o politiqueiro!
Votemos em quem nos valha:
Quem nos vale, brasileiro?
   – O Brigadeiro!

Brigadeiro praticante

O Brigadeiro é católico:
Vai à igreja, ajoelha e reza.
Mas quando bate no peito,
Bate em rocha de certeza:
        – É direito!

Brigadeiro praticante,
Comunga, e quando comunga,
Incorpora um Deus ativo:
Não o Deus, inútil calunga,
        Sim o Deus vivo!

O Deus que acende nos homens
A chama da caridade,
Do dever sem recompensa:
Deus que a força da humildade
        Faz imensa!

Comunga, mas não comunga
Com os impostores ateus
E os ricos do Estado Novo:
Comunga só com o seu Deus
        E com o povo!

Embolada do Brigadeiro

– Não voto no militar; voto no homem escandaloso.

– Ué, compadre, quem é o homem escandaloso?

– O Brigadeiro.

– Escandaloso?

– Escandaloso.

– Escandaloso por quê?

– Ora, ouça lá o meu corrido:

Homem mesmo escandaloso,
Pois não mata,
Pois não furta,
Pois não mente,
Não engana, nem intriga.
Tem preceito, tem ensino:
Foi assim desde tenente,
Foi assim desde menino!

Homem mesmo escandaloso!
Não tem mancha,
Não tem medo,
Quem não sente?
Brigadeiro da fiúza,
Sem agacho, sem empino:
Foi assim desde tenente,
Foi assim desde menino!

Homem mesmo escandaloso!
Não é bruto,
Ambicioso,
Maldizente,
Nunca diz um disparate,
Nunca faz um desatino:
Foi assim desde tenente,
Foi assim desde menino!

Homem mesmo escandaloso!
Não zunzuna
Nem não fala
À toamente:

Será nosso Presidente,
Estava no seu destino
Desde que ele era tenente,
Desde que ele era menino!

– Tem razão, compadre, vamos votar nele.

Outros poemas

Autorretrato

Provinciano que nunca soube
Escolher bem uma gravata;
Pernambucano a quem repugna
A faca do pernambucano;
Poeta ruim que na arte da prosa
Envelheceu na infância da arte,
E até mesmo escrevendo crônicas
Ficou cronista de província;
Arquiteto falhado, músico
Falhado (engoliu um dia
Um piano, mas o teclado
Ficou de fora); sem família,
Religião ou filosofia;
Mal tendo a inquietação de espírito
Que vem do sobrenatural,
E em matéria de profissão
Um tísico profissional.

Oração a Santa Teresa

Santa Teresa olhai por nós
Moradores de Santa Teresa
Santa Teresa olhai por nós
Moradores de Santa Teresa

Antigamente o bonde era no Largo da Carioca atrás
[do chafariz
Na estação tinha uma casa de frutas
Onde o chefe de família
Podia comprar a quarta de manteiga sem sal
A lata de biscoitos Aimoré
A língua do Rio Grande
O homem das balas recebia recados, guardava embrulhos
De vez em quando havia um desastre na manobra do
[reboque
Bom tempo em que havia desastre na manobra do
[reboque!
Porque hoje é ali no duro
Na ladeira dos fundos do Teatro Lírico.

***

Santa Teresa olhai por nós
Moradores de Santa Teresa,
Santa Teresa rogai por nós

Moradores de Santa Teresa
Rogai por nós junto ao prefeito da cidade.

Rogai pelos tísicos
Rogai pelos cardíacos
Rogai pelos tabéticos
Rogai pela gente de fôlego curto
Rogai por mim e pelo pintor Artur Lucas.

Nos fundos do Teatro Lírico
Tem um mictório
Rogai pelas donzelas do morro obrigadas a passar
[diariamente em frente do mictório.

Santa Teresa rogai por nós
Moradores de Santa Teresa
Estamos comendo da banda podre
Faz um ano.

Sonho de uma noite de coca

O suplicante – Padre Nosso, que estás no céu, santifi-
[cado seja o teu nome. Venha a nós o teu
[reino. Seja feita a tua vontade, assim na
[terra como no céu. O pó nosso de cada
[dia nos dá hoje...

O Senhor (interrompendo enternecidíssimo) – Toma
[lá, meu filho. Afinal tu és pó e em
[pó te converterás!

Sapo-cururu

Sapo-cururu
Da beira do rio.
Oh que sapo gordo!
Oh que sapo feio!

Sapo-cururu
Da beira do rio.
Quando o sapo coaxa,
Povoléu tem frio.

Que sapo mais danado,
Ó maninha, ó maninha!
Sapo-cururu é o bicho
Pra comer de sobreposse.

Sapo-cururu
Da barriga inchada.
Vote! Brinca com ele...
Sapo-cururu é senador da República.

Madrigal para as debutantes de 1946

Outro, não eu, ó debutantes!
Cante as galas primaveris.
Que o meu estro de relutantes
Octossílabos já senis
Mais imagina do que diz
O que nos primeiros instantes
Do amor e do sonho sentis.

Meus vinte anos vão tão distantes!
Pensando bem, jamais os fiz.
Enfermo, envelheci muito antes.
Aprendi a ser infeliz,
Deus louvado, e por isso quis
Em vossa festa, ó debutantes!
Meter, perdoai! o meu nariz.

Astéria

Poema desentranhado de um estudo do dr. Júlio Novais

O Mestre me ensinou:

Fáculas nitentes
Como metal luzidio
Bordam as manchas
– Abismos de remoinhos electromagnéticos
A verrumar a espessura solar.

Massas de nuvens
Em colunatas coesas de fímbrias froculares
Atestam lá longe a despesa ignescente da estrela
No vômito de suas ondas
Despedidas e soltas.

O oceano celeste
Outrora tido por oco
Está cheio dessas como lavas vulcânicas
Pairando invisíveis no cosmos.
E eu as detecto no meu registro natural e inédito
– O esqueleto e modelo exterior do corpo radiário
[de Astéria.

"Casa-Grande & Senzala"

Casa-Grande & Senzala,
Grande livro que fala
Desta nossa leseira
  Brasileira.

Mas com aquele forte
Cheiro e sabor do Norte
– Dos engenhos de cana
  (Massangana!)

Com fuxicos danados
E chamegos safados
De mulecas fulôs
  Com sinhôs.

A mania ariana
Do Oliveira Viana
Leva aqui a sua lambada
  Bem puxada.

Se nos brasis abunda
Jenipapo na bunda,
Se somos todos uns
  Octoruns,

Que importa? É lá desgraça?
Essa história de raça,

Raças más, raças boas
    – Diz o Boas –

É coisa que passou
Com o franciú Gobineau.
Pois o mal do mestiço
    Não está nisso.

Está em causas sociais,
De higiene e outras que tais:
Assim pensa, assim fala
    Casa-Grande & Senzala.

Livro que à ciência alia
A profunda poesia
Que o passado revoca
    E nos toca

A alma de brasileiro,
Que o portuga femeeiro
Fez e o mau fado quis
    Infeliz!

Agradecendo uns maracujás

Estes não são de gaveta.
Estes são do Maranhão.
Não do Maranhão Estado,
Mas do Maranhão poeta
– Raul Maranhão chamado –
Amigo do coração.

Rondó do atribulado do Tribobó

No vale do Tribobó
Tinha uma casa bonita
Com varanda por dois lados
Várias cadeiras de lona
Redes rangendo gostosas
E dentro pelas paredes
Uns quadrinhos mozarlescos
Como os cocôs de Clarinha...
Mas era um calor danado!

Lá fora em frente da casa
Tinha um bosque muito agradável
Todo de madeira de lei
– Cedros jacarandás paus-d'arco –
Debaixo de cuja sombra
Era bom ficar fumando
Embalançando nas redes
Contando bobagens...
Mas era um calor danado!

Dentro de casa o conforto não deixava nada a desejar:
Luz elétrica gelo instalações sanitárias completas
Água quente de serpentina a qualquer hora do dia
Comida ótima

A mulher do homem que estava passando uns tempos
[no sítio era uma senhora distintíssima
Tinha três filhos: Rodrigo Luís que quando se referia
[aos planetas dizia o *Vênus*, o *Mártir*, etc.
[Joaquim Pedro bonitinho pra burro
[mas muito encabulado; e Clarinha
[a mesma de cujos cocôs
[já falei atrás.
Os meninos viviam de espingardas caçando taruíras
O atribulado achava tudo isso delicioso familiar bucó-
[lico repousante...
Mas era um calor danado!

Na véspera da partida
Faltou água vejam só!
Foi um pânico tremendo
No sítio do Tribobó.
O atribulado desceu
Sacudido num fordeco
Pra Maria Paula Baldeadouro Cova da Onça Fonseca
[Niterói
E embarafustou numa barca
Onde por cúmulo do azar
Surgiu o Martins Errado!
(Não havia possibilidade de evasão

Nascer de novo não adiantava
Todas as agências postais estavam fechadas
Fazia um calor danado!)

Prece

Senhor Bom Jesus do Calvário e da Via-Sacra
O prefeito Henriquinho
Vai derrubar o teu templo da Rua Uruguaiana
Para abrir uma avenida!

Senhor Bom Jesus do Calvário e da Via-Sacra
O prefeito Henriquinho
Para abrir uma avenida
Vai demolir o templo do santo
Pedra da fé
Sobre a qual edificaste a tua Igreja!

Senhor Bom Jesus do Calvário e da Via-Sacra
Quando o prefeito morrer
Não o mandes para o Inferno:
Ele não sabe o que faz.
Mas um seculozinho a mais de Purgatório
Não seria mau. Amém.

Idílio na praia

Nudez anatômica
Onde madrugais
Areia dormente!
Quem vem lá? Vinicius
Não o de Moraes
Mas o de imorais
Poemas vai perdido
Tão perdidamente
Pela bomba atômica.

E diz-lhe ao ouvido:
– Ai bombinha atômica
Vem comigo vem!
Sou tão delicado
Sou um monstrozinho
De delicadeza!
Meu amor meu bem
Me ama me possui
Me faz em pedaços!
Já não sou Vinicius
Sou o que jamais
Fui: Mar de Sargaços
Cabo Guardafui!
Cantarei na lira
Casimiriana

Versos que esqueceram
Às musas de Góngora!
E te chamarei
Cupincha Nux Vómica
Oriana Ariana!
Ah mal sei que *e* é igual
a mc^2
Perdão bomba atômica!
Sou um sórdido poeta
Fundo em Matemática
E te amo ai de mim!

Vem ó pomba atômica!
Vem minha bombinha
Pombinha rolinha
Do meu coração!
Vem como és agora:
Te quero novinha
Donzela pucela
Antes da ebaente
Desintegração!

Madrigal do pé para a mão

Teu pé... Será início ou é
Fim? É as duas coisas teu pé.

Por quê? Os motivos são tantos!
Resumo-os sem mais tardanças:
Início dos meus encantos,
Fim das minhas esperanças.

Itaperuna

Primeiro houve entradas para pegar índio
Entradas para descobrir o ouro
Agora há entradas para plantar café

Um dia trouxeram da Martinica um soldadinho verde
O soldadinho juntou-se com a mulata roxa
E nasceu um exército de soldadinhos verdes
Os batalhões alinharam-se
     Marcha soldado
     Pé de café
E tomaram de assalto as baixadas as lombadas as faldas
         [e os contrafortes até o planalto.

Do meio deles
De Estrela boa estrela
Saiu o maior soldado brasileiro

Onde acampavam
Havia riqueza
Solares trapiches
Estradas reais calçadas com pedra
Resendes Valenças Vassouras
Os Tejucos do café
Com linhagens de barões estadistas que formaram
     [gabinetes e deram lustre ao segundo reinado

Mas o amor do soldado derreia a mulata
O mau goza se satisfaz e
    Marcha soldado
    Pé de café!
Soldado gosta de mulher nova
Araçatubas de peito duro
Itaperunas de mamilo preto

Itaperuna!
Ponta de trilho da civilização cafeeira
Criação republicana e brasileira
Único município que não aderiu
Porque era republicano antes da República!

Ora esta eu agora me esqueci que não sou republicano
Ponhamos Itaperuna exceção republicana.
Desta república de paulistas baianos, paulistas pernam-
                  [bucanos e paulistas de Macaé!
    Marcha soldado
    Pé de café!
        (Qual onda verde nada!
        Batalhão é que é)
Batalhão de república militarista

Itaperuna exceção republicana
Itaperuna pacífica das pequenas propriedades

Das quatro mil oitocentas e seis pequenas propriedades
[registradas
Com os seus cinquenta e dois mil milhares de cafeeiros
A sua futura safra de um milhão e setecentas mil arrobas

Terra de José de Lannes
Bandeirante sem crimes na consciência
Itaperuna sem Rio das Mortes nem Mata da Traição
(Exceção republicana!)
Vértice do triângulo Itaperuna Araçatuba Paranapanema
Onde estão acampados os batalhões do café.

Marcha soldado
Pé de café
Se não marchar direito
O Brasil não fica em pé.

Carta-poema

Excelentíssimo Prefeito
Senhor Hildebrando de Góis,
Permiti que, rendido o preito
A que fazeis jus por quem sois,

Um poeta já sexagenário,
Que não tem outra aspiração
Senão viver de seu salário
Na sua limpa solidão,

Peça vistoria e visita
A este pátio para onde dá
O apartamento que ele habita
No Castelo há dois anos já.

É um pátio, mas é via pública,
E estando ainda por calçar,
Faz a vergonha da República
Junto à Avenida Beira-Mar!

Indiferentes ao capricho
Das posturas municipais,
A ele jogam todo o seu lixo
Os moradores sem quintais.

Que imundície! Tripas de peixe,
Cascas de fruta e ovo, papéis...
Não é natural que me queixe?
Meu Prefeito, vinde e vereis!

Quando chove, o chão vira lama:
São atoleiros, lodaçais,
Que disputam a palma à fama
Das velhas maremas letais!

A um distinto amigo europeu
Disse eu: – Não é no Paraguai
Que fica o Grande Chaco, este é o
Grande Chaco! Senão, olhai!

Excelentíssimo Prefeito
Hildebrando Araújo de Góis,
A quem humilde rendo preito,
Por serdes vós, senhor, quem sois!

Mandai calçar a via pública
Que, sendo um vasto lagamar,
Faz a vergonha da República
Junto à Avenida Beira-Mar!

Na toalha de mesa de R.C.

Nunca lhe falte a esta toalha
O que ainda a fará mais bela,
E é: flores, fina baixela,
Bons vinhos, farta vitualha.

A Jorge Medauar

Há trinta anos (tanto corre
O tempo) escrevi a poesia
Onde disse que fazia
Meus versos como quem morre.

Ainda não eras nascido.
Agora, orgulhosamente
Moço, ao poeta velho e doente
Parodiaste destemido:

Das batalhas em que estive
É o suor que em meu verso escorre!
Tu o fazes como quem morre:
Eu o faço como quem vive!

Façam-no como quem morre
Ou quem vive, que ele viva!
Vive o que é belo e deriva
Da alma e para outra alma corre.

Verso que dela se prive,
Ai dele! quem lhe socorre?
Nem Marx nem Deus! Ele morre.
Só o verso com alma vive.

Deste ou daquele pensar,
Esta me parece a reta,
A justa linha do poeta,
Poeta Jorge Medauar!

Adivinha

O animal deu nome às ilhas:
Estas deram nome à ave.
O animal como se chama?
Como se chamam as ilhas?
E como se chama a ave?
– Responda, senhor ou dama.

41

À quarante et un an (c'est mon âge)!
Je n'ai pas d'enfant. Dieu m'assiste!
Je suis seul. Cela me soulage
Tout en me laissant un peu triste.

Madrigal muito fácil

Quando de longe te vi,
Quando de longe te via,
Gostei logo bem de ti.
Como é bonita! eu dizia.

Mas por enganar aquilo
Que dentro de mim senti,
Que dentro de mim sentia,
Pensei de mim para mim
Que a distância é que fazia
Me pareceres assim.

Não era a distância não!
Pois chegou aquele dia
Em que te apertei a mão
Sem saber o que dizia.
E vi que eras mais bonita,
Porém muito mais bonita
Do que para o meu sossego
A distância te fazia.

Quanto mais de perto mais
Bonita, era o que eu dizia!
E desde então imagino
Que mais linda te acharia,

Mais fresca, mais desejável,
Mais tudo enfim, se algum dia
– Dia ou noite que marcasses –
Se algum dia me deixasses
Te ver de mais perto ainda!

Trova

Atirei um limão-doce
Na janela de meu bem:
Quando as mulheres não amam,
Que sono as mulheres têm!

Outra trova

Sombra da nuvem no monte,
Sombra do monte no mar.
Água do mar em teus olhos
Tão cansados de chorar!

Dois anúncios

I – Rondó de efeito

Olhei pra ela com toda a força,
Disse que ela era boa,
Que ela era gostosa,
Que ela era bonita pra burro:
Não fez efeito.

Virei pirata:
Dei em cima dela de todas as maneiras,
Utilizei o bonde, o automóvel, o passeio a pé,
Falei de macumba, ofereci pó...
À toa: não fez efeito.

Então banquei o sentimental:
Fiquei com olheiras,
Ajoelhei,
Chorei,
Me rasguei todo,
Fiz versinhos,
Cantei as modinhas mais tristes do repertório do
[Nozinho.
Escrevi cartinhas e pra acertar a mão, li *Elvira a Morta*
[*Virgem*, romance primoroso e por tal
[forma comovente que ninguém
[pode lê-lo sem derramar
[copiosas lágrimas...

Perdi meu tempo: não fez efeito.

Meu Deus, que mulher durinha!
Foi um buraco na minha vida.
Mas eu mato ela na cabeça:
Vou lhe mandar uma caixinha de *Minorativas*,
Pastilhas purgativas:
É impossível que não faça efeito!

II – Colóquio sentimental

– Não faça assim, bichinho. *O Segredo da Beleza* diz:
 ["Certo, um lindo seio apontando orgulhosamente
  [o céu, é coisa rara. Mas a culpa cabe muitas
   [vezes às próprias mulheres. Não cuidam
    [deles. Deixam-nos magoar pelos
     [dedos estouvados, esses belos
      [frutos tão frágeis."

– Não tenha receio, meu coração. Farei massagens,
  [como manda o livro. Com muita leveza
   [... em sentido circular... começando
    [pela implantação e acabando
     [nas pontas...

– Com creme de pétalas de rosas?

– Com creme de pétalas de rosas...

– E ficarão firmes?

– Ora se!

– Como o Pão de Açúcar?...

– Como a Sul América!

Petição ao prefeito

Governador desta cidade,
Excelentíssimo Prefeito
General Mendes de Morais,
Ouça o que digo, e tenho que há de
Mover-se-lhe o sensível peito
Dado às coisas municipais!

Há no interior do quarteirão
Formado pelas avenidas
Antônio Carlos, Beira-Mar,
Wilson e Calógeras, tão
Bem traçadas e bem construídas,
Um pântano que é de amargar!

Não suponha que eu exagero,
Excelência: é a verdade pura,
Sem nenhum véu de fantasia.
Já o pintei uma vez: não quero
Fabricar mais literatura
Sobre tamanha porcaria!

Reporters, a quem nada escapa,
Escreveram sueltos diversos
Sobre esse foco de infecção.
Fotógrafos bateram chapa...

Coisas melhores que os meus versos
De velho poeta solteirão!

Fiz, por sanear-se esta marema,
Uma carta desesperada
Ao seu ilustre antecessor,
Uma carta em forma de poema:
O homem saiu sem fazer nada...
Pelo martírio do Senhor,

Ponha o pátio, insigne Prefeito,
Limpo como o olhar da inocência,
Limpo como – feita a ressalva
Da muita atenção e respeito
Devidos a Vossa Excelência –
Sua excelentíssima calva!

A Moussy

De John o agrado mais terno,
De Tontje o olhar mais risonho
Tomo e com eles componho
Alguma coisa de eterno,
De fino, de leve – um sonho,
Um pensamento, um perfume,
A carícia mais querida,
– Um beijo, em que se resume
Toda a afeição de uma vida.

Dedicatórias da primeira edição

A Moussy e Jo

Malungo, malungulungo,
Malungo, malungulô
Com todo o amor do malungo
Para Moussy e para Jo.

A Rachel

À grande e cara Rachel
Mando este livro, no qual
Ruim é a parte do Manuel,
Ótima a do João Cabral.

A Santa Rosa

Quem é malungo, malunga.
Se não presta este Mafuá,
Ponha, meu Santa, um calunga
No anterrosto, e prestará.

A Vinicius

Penico é também cabungo,
Ma foi! São tais exercícios
Cabungagens que o malungo
Envia ao caro Vinicius.

A Prudente

Malungo Manuel envia
Isto ao malungo Prudente.
Sei que é mofina a poesia,
Mas que papel excelente!

A Alfonso Reyes

No es Pegaso, sino un matungo
El caballo de mi poesía:
Simple homenaje del malungo
Al maestro de *Cortesía*.

A Murilo e Saudade

Murilo de olhos de santo,
Saudade de olhos de mel,
Pode não ter grande encanto,
Mas é vosso este Manuel.

A Carpeaux

Malungo, malungulungo,
Malungo, malungulô.
Homenagem do malungo
A Otto Maria Carpeaux.

A Lauro Escorel

Maus versos em bom papel,
Aqui vai, Lauro Escorel,
O mafuá do Manuel.

A Maria

Malungo Manuel envia
Isto à malunga Maria.

A Murilo Miranda

Bandeira manda a Miranda,
Ao fino, ao raro editor
Esta versalhada, e manda-a
Pela edição, que é um primor.

A Homero Icaza Sánchez

– Are you Homer?
– Oh no! I'm Icaza Sánchez.
– Then a malungo?
– Definitely!
– Well, here you are!

A Lêdo Ivo

Lêdo, amor com amor se pa-
ga. Por isso, neste quarteto,
retribuo com o *Mafuá o A-*
contecimento do Soneto.

Três letras para melodias de Villa-Lobos

I
MARCHINHA DAS TRÊS MARIAS

Quando já a luz do dia
Atrás das serras arde;
Quando desmaia a tarde
À lenta voz dos sinos:
Nos céus da minha terra,
Tão ricos de esperança,
Brilham na noite mansa
Três luzes, três destinos.

Tremem gentis, tremeluzem com fulgor,
Astros do meu anseio e meu amor,
A levantar meus olhos para Deus.

Três sóis, os três destinos
Da terra em que nascemos,
Pátria que estremecemos
No solo e em sua história:
Maria que és da Graça
(Da Graça e dos Amores),
Maria que és das Dores,
Maria que és da Glória.

Tremem gentis, tremeluzem com fulgor,
Astros do meu anseio e meu amor,
A levantar meus olhos para Deus.

II
QUADRILHA

Roda, ciranda,
Por aí fora,
Chegou a hora
De cirandar!
Na tarde clara
Vinde ligeiras,
Ó companheiras,
Rir e dançar!

Moças que dançam
Nas horas breves
Dos sonhos leves,
Na doce idade
Das ilusões,
Guardam lembrança,
Boa lembrança
Da mocidade
Nos corações.

Roda, ciranda,
Como essas belas,
Gratas estrelas
Dos nossos céus!
Vamos, em rondas
Precipitadas,
Como levadas
Na asa dos véus!

Moças que dançam
Nas horas leves
Dos sonhos breves,
Na doce idade
Das ilusões,
Guardam lembrança,
Boa lembrança,
Da mocidade
Nos corações.

III
QUINTA BACHIANA

Irerê, meu passarinho
Do sertão do Cariri,
Irerê, meu companheiro,

Cadê viola?
Cadê meu bem?
Cadê Maria?
Ai triste sorte a do violeiro cantadô!
Sem a viola em que cantava o seu amô.
Seu assobio é tua flauta de irerê:
Que tua flauta do sertão quando assobia,
A gente sofre sem querê!

Teu canto chega lá do fundo do sertão
Como uma brisa amolecendo o coração.

Irerê, solta teu canto!
Canta mais! Canta mais!
Pra alembrá o Cariri!

Canta, cambaxirra!
Canta, juriti!
Canta, irerê!
Canta, canta, sofrê!
Patativa! Bem-te-vi!
Maria-acorda-que-é-dia!
Cantem todos vocês,
Passarinhos do sertão!

Bem-te-vi!
Eh sabiá!

Lá! liá! liá! liá! liá! liá!
Eh sabiá da mata cantadô!
Liá! liá! liá! liá!
Liá! liá! liá! liá! liá! liá!
Eh sabiá da mata sofredô!

O vosso canto vem do fundo do sertão
Como uma brisa amolecendo o coração.

No aniversário de
Maria da Glória

Trôpego, reumático, surdo,
Eu, poeta oficial da família,
Junto as últimas forças e urdo
Em mansa, amorosa vigília
Estes versos para Maria
Da Glória no glorioso dia!

Toada

Fui sempre um homem alegre.
Mas depois que tu partiste,
Perdi de todo a alegria:
Fiquei triste, triste, triste.

Nunca dantes me sentira
Tão desinfeliz assim:
É que ando dentro da vida
Sem vida dentro de mim.

Agradecendo doces a Stella Leonardos

1. Doces de açúcar e gemas
   São teus versos, e teus doces
   Sabem a poemas: não fosses
   Toda doce em cada poema!

2. Pouco e coco rimam, sim,
   Mas quando o coco é o seu coco,
   Que, por mais que seja, é pouco
   (Pelo menos para mim!).

3. Não veio doce, mas veio
   Verso seu, que me é tão doce
   Como se doce ele fosse:
   Mais que doce: doce e meio!

Madrigal epitalâmico

Ady Marinho,
Tu tens no olhar
O sol do vinho,
O sal do mar.

Por isso enlevas
E, de roldão
E para cima,
Rendido levas
O coração
De Ermiro Lima,

Ady Marinho,
Que tens no olhar
O sol do vinho,
O sal do mar.

Bodas de ouro

Bondade é coisa que na vida
– Nesta vida decepcionante –
Nenhum prêmio, nenhum tesouro,
Nenhuma recompensa paga:
Bondade de Mestre Aguinaga,
A quem, depois das bodas de ouro,
Desejamos as de brilhante.
(Depois as do céu, na outra vida...)

Resposta a Alberto de Serpa

Saber comigo como é Poesia?...
saber comigo como é Bondade?...
Pois quem mais sabe como é Poesia,
pois quem mais sabe como é Bondade
do que tu mesmo, bom e grande Alberto
de Serpa, amigo de peito aberto
para os amigos de longe ou perto,
querido Alberto, fraterno Alberto?

Cartão-postal

Paris encanta. Londres mete medo.
Paris é a maior... ninguém se iluda.
Por intermédio meu, amigo Lêdo,
a Coluna Vendôme te saúda!

A Antenor Nascentes

Como chega às de ouro agora,
Chegue um dia às de diamante,
Onde vou ver se consigo
(Mas não creio!) entre os presentes
Estar, – é o voto do amigo
Desde a infância, e vida afora
Seu admirador constante,
Meu caro Antenor Nascentes.

Allinges

És grande e bela, como as deusas e as esfinges
E as montanhas e o mar... És noite e aurora, Allinges!

Carla

Carla, és bonita. Pudera!
Sendo filhinha de Allinges,
O fato era de prever.
Mas o que ver eu quisera
É se a beleza materna
Tu, quando mulher, atinges,
Doce e pequenino ser
Feito da essência mais terna.

Poema para Tuquinha

Você chamou Maria Helena "o anjo lindo de Tuquinha".
Na realidade você é que é o anjo lindo de Maria Helena,
O anjo lindo de Branca,
O anjo lindo de Branquinha,
O anjo lindo de Isabel,
O anjo lindo de Manuel,
O anjo lindo de nós todos.

Reze a Deus por nós, anjo lindo: aos anjos ele atende.

Epitalâmio para Maria da Glória e Rodolfo

Cantei Maria da Glória
recém-nascida. Hoje canto
a mesma na plena glória
de mulher recém-casada
– adorável e adorada.
Ela, pelo seu encanto,
acabou por alcançar
com quem o mais belo par
de que no mundo há memória
fazer. Assim Deus os fez
e os uniu. Glória ao marquês
Rodolfo! e as bênçãos não cessem
dos céus aos dois, pois merecem.

Ria, Rosa, Ria!

A Guimarães Rosa

Acaba a Alegria
Dizendo-nos: – Ria!
Velha companheira,
Boa conselheira!

Por isso me rio
De mim para mim.
Rio, rio, rio!
E digo-lhe: – Ria,
Rosa, noite e dia!
No calor, no frio,
Ria, ria! Ria,
Como lhe aconselha
Essa doce velha
Cheirando a alecrim,
A alegre Alegria!

Votos de Ano-Bom a
Murilo e Saudade

Que a Murilo e Saudade vás
Levar, cartão, num grande abraço,
Meus votos de saúde e paz.
(Paz sem a pomba de Picasso.)

Dedicatória de *Opus 10* a Thiago e Pomona

A Thiago e Pomona ofereço
Meu *Opus 10*, exemplar A.
E com este voto ofereço:
Deus bem-fade a vida em começo
Do *Opus 1* deles, meu xará.
– Meu imprevisível xará.

Nossa Senhora de Nazareth

Jantando uma vez em casa de Odylo,
Seu amigo Couto, na animação
Do papo – papo que é um deleite ouvi-lo –
Subitamente perdeu a razão

(Só assim se pode explicar aquilo)
E fez o clássico gesto vilão,
O obsceno gesto que a Vênus de Milo
Jamais poderia fazer, pois não?

Desaprovei a licença de Couto
Diante de Nazareth. Que afoito (ou afouto)!
Pois a intemerata piauiense é

A mulher que já encontrei até agora
Mais parecida com Nossa Senhora:
É Nossa Senhora de Nazareth.

Cantiga de amor

Mulheres neste mundo de meu Deus
Tenho visto muitas – grandes, pequenas,
Ruivas, castanhas, brancas e morenas.
E amei-as, por mal dos pecados meus!
Mas em parte alguma vi, ai de mim,
Nenhuma que fosse bonita assim!

Andei por São Paulo e pelo Ceará
(Não falo em Pernambuco, onde nasci),
Bahia, Minas, Belém do Pará...
De muito olhar de mulher já sofri!
Mas em parte alguma vi, ai de mim,
Nenhuma que fosse bonita assim!

Atravessei o mar e, no estrangeiro,
Em Paris, Basileia e nos Grisões,
Lugano, Gênova por derradeiro,
Vi mulheres de todas as nações.
Mas em parte alguma vi, ai de mim,
Nenhuma que fosse bonita assim!

Mulher bonita não falta, ai de mim!
Nenhuma porém, tão bonita assim!

Portugal, meu avozinho

Como foi que temperaste,
Portugal, meu avozinho,
Esse gosto misturado
De saudade e de carinho?

Esse gosto misturado
De pele branca e trigueira,
– Gosto de África e de Europa,
Que é o da gente brasileira?

Gosto de samba e de fado,
Portugal, meu avozinho,
Ai Portugal que ensinaste
Ao Brasil o teu carinho!

Tu de um lado, e do outro lado
Nós... No meio o mar profundo...
Mas, por mais fundo que seja,
Somos os dois um só mundo.

Grande mundo de ternura,
Feito de três continentes...
Ai mundo de Portugal,
Gente mãe de tantas gentes!

Ai Portugal de Camões,
Do bom trigo e do bom vinho,
Que nos deste, ai avozinho,
Este gosto misturado,
Que é saudade e que é carinho!

A Afonso

Recebi o seu telegrama,
Afonso. Obrigado, obrigado:
Sempre é bom ganhar um agrado
Dos amigos a quem mais se ama.

Gastão gentil como uma dama,
Esse merece ser chamado
Pinheiro, como você o chama.
E Otávio, nunca assaz louvado.

Não me sinto pinheiro, Afonso,
Eu velho bardo, entre mil vários,
À espera da hora do responso.

Sou apenas um setentão
Adido à estranha legação
Dos pinheiros septuagenários.

Saudação a Vinicius de Moraes

Marcus Vinicius
Cruz de Moraes,
Eu não sabia
Que no teu nome
Tu carregavas
A tua cruz
De fogo e lavas.
Cruz da poesia?
Cruz do renome?
Marcus Vinicius,
Que em tuas puras,
Tuas selvagens,
Raras imagens
Da mais pungente
Melancolia,
Ficaste ardente
Para jamais.
Quais são teus vícios,
Vinicius, quais,
Para os purgares
Nas consulares
Assinaturas?
Marcus Vinicius,
Eu já te tinha
(E te ofereço

Esta tetinha)
Como um dos marcos
De maior preço
Do bom lirismo
Da pátria minha.
Mas não sabia
Que fosses Marcus
Pelo batismo.
Hoje que o sei,
Te gritarei
Num poema bom,
Bom, não! no mais
Pantafaçudo
Que já compus:
– Marcus Vinicius
Cruz de Moraes
(Mello também)

De cruz a cruz
Eu te saúdo!

Resposta a Carlos Drummond de Andrade

À mão que o dispensa deve
O laurel sua virtude.
Grato, mas junto sou rude
De quem *Claro Enigma* escreve.

Tema e voltas

Em brigas não tomo parte,
A morros não subo não:
Que se nunca tive enfarte,
Só tenho meio pulmão.

No amor ainda tomo parte,
Mas não me esbaldo, isso não:
Que se nunca tive enfarte,
Só tenho meio pulmão.

De Eros a arriscada arte
Sempre usei com discrição:
Que se nunca tive enfarte,
Só tenho meio pulmão.

Bem que desejara amar-te
Sem medida nem razão.
Mas qual! Se não tive enfarte,
Só tenho meio pulmão.

O Palacete dos Amores

Um dia destes a saudade
(Saudade, a mais triste das flores)
Me deu da minha mocidade
No Palacete dos Amores.

O Palacete dos Amores,
Criação que a força de vontade
Do velho Gomes, em verdade,
Atestava. Linhas e cores

Compunham quadro de um sainete
Tal, que os amores eram mato
Nos três pisos do palacete.

Mato, não – jardim: por maiores
Que fossem, sempre houve recato
No Palacete dos Amores.

Trovas para Adelmar

A Academia anda triste,
Triste, triste (para mim):
É um jardim cheio de rosas,
Mas um jardim sem jasmim.

Falta lá a flor mais gostosa
De se cheirar num jardim,
Pois das brasileiras flores
A mais cheirosa é o jasmim.

Basta um jasmim pequenino
Para encher todo um jardim.
Adelmar, na Academia,
És tu, meu caro, o jasmim.

A Academia anda triste...
Nunca a vi tão triste assim!
É um jardim cheio de rosas,
Mas um jardim sem jasmim!

Viriato octogenário

"Queixem-se outros de gota, reumatismo",
Diz Viriato, "e de falta de memória.
Nada disso conheço. Nula é a escória
Do tempo em meu minúsculo organismo.

"Não ouço bem? Frequentemente cismo
Que estou gripado? Dizem que é ilusória
Minha gripe (ao revés de minha glória),
E que a minha surdez é comodismo.

"Se eu vos confiar que escassa é a obesidade
Nos meus quadris e de ano em ano o cinto
Aperto um ponto mais, quem de vós há de

"Acreditar-me? E jurareis que minto
Quando eu disser que quanto mais idade
Tenho, mais moço e lépido me sinto!"

Balanço de março de 1959

Março. Visita da princesa inglesa.
Raivou o calor desabaladamente.
Foi culpa mesmo da duquesa,
Que é Kent.

***

Fui ao Museu de Arte Moderna,
À exposição dos neoconcretos.
Motivos por demais secretos
Poderão construir obra eterna?

Em Lígia, tão dotada, a pintura transcende
A tela e incorpora a moldura.
Vendo e escutando é que se aprende:
Aprendi, mas não vi pintura.

Uma palavra só e em torno
Muito branco basta a Gullar
Para um belo poema compor
No estilo mais oracular.

Minha amiguinha X. pretende
Que o entende. Será que entende?

Jaime Maurício me apresenta
Vera Pedrosa, hoje Martins.
Saio azul na tarde nevoenta,
Neoconcretizado até os rins!

***

Deixa Boto – última prova
Em sua terrena lida –
"Os movimentos da vida
Pelos silêncios da cova."

Mote e glosas

Como pode o peixe vivo
Viver fora da água fria?
Como poderei viver
Sem a tua companhia?

(Toada de Diamantina)

Vi uma estrela tão alta,
Vi uma estrela tão fria!
Estrela, por que me deixas
Sem a tua companhia?

Sonho contigo de noite,
Sonho contigo de dia:
Foi no que deu esta vida
Sem a tua companhia.

Água fria fica quente,
Água quente fica fria.
Mas eu fico sempre frio
Sem a tua companhia.

Nunca mais vou no meu bote
Pescar peixe na baía:
Não quero saber de pesca
Sem a tua companhia.

Saudades do Rio antigo

Vou-me embora pra Pasárgada.
Lá o rei não será deposto
E lá sou amigo do rei.
Aqui eu não sou feliz
A vida está cada vez
Mais cara, e a menor besteira
Nos custa os olhos da cara.
O trânsito é uma miséria:
Sair a pé pelas ruas
Desta capital cidade
É quase temeridade.
E eu não tenho cadilac
Para em vez de atropelado,
Atropelar sem piedade
Meus pedestres semelhantes.
Oh! que saudade que eu tenho
Do Rio como era dantes!
O Rio que tinha apenas
Quinhentos mil habitantes.
O Rio que conheci
Quando vim pra cá menino:
Meu velho Rio gostoso,
Cujos dias revivi
Lendo deliciadamente
O livro de Coaraci.

Cidade onde, rico ou pobre,
Dava gosto se viver.
Hoje ninguém está contente.
Hoje, meu Deus, todo mundo
Traz na boca a cinza amarga
Da frustração... Minha gente,
Vou-me embora pra Pasárgada.

Improviso

Glória aos poetas de Portugal.
Glória a D. Dinis. Glória a Gil
Vicente. Glória a Camões. Glória
a Bocage, a Garrett, a João
de Deus (mas todos são de Deus,
e há um santo; Antero de Quental).
Glória a Junqueiro. Glória ao sempre
Verde Cesário. Glória a António
Nobre. Glória a Eugénio de Castro.
A Pessoa e seus heterônimos.
A Camilo Pessanha. Glória
a tantos mais, a todos mais.
– Glória a Teixeira de Pascoais.

A espada de ouro

Excelentíssimo General
Henrique Duffles Teixeira Lott,
A espada de ouro que, por escote,
Os seus cupinchas lhe vão brindar,
Não vale nada (não leve a mal
Que assim lhe fale) se comparada
Com a velha espada
De aço forjada,
Como as demais.
– Espadas estas
Que a Pátria pobre, de mãos honestas,
Dá aos seus soldados e generais.
Seu aço limpo vem das raízes
Batalhadoras da nossa história:
Aço que fala dos que, felizes,
Tombaram puros no chão da glória!
O ouro da outra é ouro tirado,
Ouro raspado
Pelas mãos sujas da pelegada
Do bolso gordo dos argentários,
Do bolso raso dos operários,
Não vale nada!
É ouro sinistro,
Ouro mareado:
Mancha o Ministro,
Mancha o Soldado.

Craveiro, dá-me uma rosa

Craveiro, dá-me uma rosa!
Mas não qualquer, General:
Que eu quero, Craveiro, a rosa
Mais linda de Portugal!

Não me dês rosa de sal.
Não me dês rosa de azar.
Não me dês, Craveiro, rosa
Dos jardins de Salazar!

A Portugal mando um cravo.
Mas não qualquer, General:
Mando o cravo mais bonito
Da minha terra natal!

Não cravo de Juscelino,
Nem de nenhum general!
Não cravo (se há lá já cravos!)
Da futura capital.

Mando o puro cravo branco
Da pátria não oficial:
Cravo de amor, – sem política,
Só de amor, meu General.

Elegia de agosto

Não os decepcionarei.
Jânio Quadros, São Paulo, 6.X.60

A nação elegeu-o seu Presidente
Certa de que ele jamais a decepcionaria.
De fato,
Durante sete meses,
O eleito governou com honestidade,
Com desvelo,
Com bravura.
Mas um dia,
De repente,
Lhe deu a louca
E ele renunciou.

Renunciou sem ouvir ninguém.
Renunciou sacrificando o seu país e os seus amigos.
Renunciou carismaticamente, falando nos pobres e
                    [humildes que é tão difícil ajudar.

Explicou: "Não nasci presidente.
Nasci com a minha consciência."

Agora vai viajar.
Vai viajar longamente no exterior.

Está em paz com a sua consciência.

Ouviram bem?

ESTÁ EM PAZ COM A SUA CONSCIÊNCIA

E que se danem os pobres e humildes que é tão difícil
[ajudar.

O obelisco

Um obelisco monolítico é a verdade nua em praça
[pública.
A nudez dos obeliscos é mais inteira, mais estreme,
[mais escorreita, mais franca, mais
[sincera, mais lisa, mais pura, mais
[ingênua do que a da mulher mais
[bem-feita.
Ingênua como a de Susana surpreendida pelos juízes.
Pura como a de Santa Maria Egipcíaca despindo-se
[para o barqueiro.
Todo obelisco é uma lição de verticalidade física e
[moral, de retidão, de ascetismo.
Homem que não suportas a solidão (grande fraqueza!)
Aprende com os obeliscos a ser só.
Os egípcios erguiam obeliscos à entrada de seus tem-
[plos, de seus túmulos, e neles gravavam
[apenas,
Discretamente,
O nome do rei construtor ou do deus reverenciado.
O obelisco aponta aos mortais as coisas mais altas: o
[céu, a lua, o sol, as estrelas – Deus.
O obelisco da Avenida Rio Branco não veio do Egito
[como o que está na Praça da
[Concórdia em Paris;
Nem por isso merece menos respeito.

Obelisco não é mourão para amarrar cavalos.

Não é manequim para camisolas de anúncio.

Não é andaime para farandulagens de carnaval.

(Já o fantasiaram de baiana, oh afronta!

Já lhe quebraram o ápice de agulha,

Já o chamuscaram de alto a baixo.)

Que o obelisco esteja sempre nu e limpo, apontando

             [as coisas mais altas – o céu, a lua, o

                  [sol e as estrelas.

Raquel

Raquel, angélica flor
Do ramalhete de Clóvis.
(Amor, que os astros moves,
Dá-lhe o melhor amor.)

Helena Maria

Helena Maria:
O preto no branco,
No branco a poesia,
No preto esse arranco
Da alma forte e pura
Em sua ternura.

Edmée

Que delícia na mata o fio d'água
Da fresca fonte para a sede grande!
(Assim a tua voz, límpida água
     Para outra sede, Edmée Brandi.)

Elegia inútil

Lágrimas, duas a duas,
choraram dentro de mim,
ao ler que o Prefeito Alvim
mudou o nome a muitas ruas.

Nomes de ruas que havia
no Rio de antigamente!
(A respeito, minha gente,
ainda há a Rua da Alegria?)

Eram tão lindos! Assim:
Rua Bela da Princesa
(que distinção, que beleza!
nome que cheira a jardim).

Rua Direita da Sé:
nome firme, nome nobre;
nome em que nada há que dobre;
nome-afirmação de fé!

Havia as ruas de ofício:
Dos Ourives, dos Latoeiros...
Becos: Beco dos Ferreiros...
E havia as ruas do vício...

Muito nome foi mudado,
mas o novo não pegou:
nunca ninguém não falou
senão Largo do Machado.

(Este nome pode ser,
quando muito, acrescentado,
assim, Largo do Machado
de Assis gosto de dizer.

Na do Catete, contou-me
Z., o mestre escreveu *Brás Cubas*.
Darás na casa se subas
pela rua do seu nome.)

Esta Rua do Ouvidor
já foi Caminho do Mar!
(Ouvidor pode passar,
mas o antigo era melhor.)

Não tens laranjas, mas cheiras
aos frutos da minha infância:
ah inesquecível fragrância
da que ainda és das Laranjeiras!

O Largo da Mãe do Bispo
há muito tempo acabou-se.
(E hoje acabou o que era doce
ainda: a Rua do Bispo...)

Vais ter um nome pequeno,
Rua do Jogo da Bola!
Vais ter um nome pachola,
ai Travessa do Sereno!

Imagens de Juiz de Fora

I

Vejo-a dançando tão leve e linda,
Tão linda e leve como nenhuma
Não dança, voa como uma pluma
    Largada ao vento.
E quando passa, dançando ainda,
Leva consigo meu pensamento.

II

Entras, mimosa e cândida,
E enleado em teu perfume
Gagueja um poeta pálido:
Du bist wie eine Blume...

III

Soltos, desnastros,
Esvoaçantes,
Num fulgor de astros,
Quem dera vê-los,
Nas madrugadas,
Os teus cabelos,
Loucos, errantes,
Sobre as espáduas maravilhadas!...

IV

Qual o mistério de terdes
Uns olhos que tanto encantam?
Que sereias é que cantam
Na água desses olhos verdes?

V

Aparece... E uma luz irradia na sala
Como de uma primeira estrela em céu de opala.

A Guimarães Rosa

Não permita Deus que eu morra
Sem que ainda vote em você;
Sem que, Rosa amigo, toda
Quinta-feira que Deus dê,
Tome chá na Academia
Ao lado de vosmecê,
Rosa dos seus e dos outros,
Rosa da gente e do mundo,
Rosa de intensa poesia
De fino olor sem segundo;
Rosa do Rio e da Rua,
Rosa do sertão profundo!

Retruque a Guimarães Rosa

Respondo a Guimarães Rosa
Em pé de romance assim:
Vou pedir ao Maçarico,
Vou pedir a Miguilim
Que a mano Rosa eles digam:

– "Rosa, não seja ruim.
Faça a vontade do bardo,
Ainda que bardo chinfrim!"
E eu secundo: Mano Rosa,
Rosa, rosai, rosae, rosæ,
Vou aos meus dias pôr um fim.
Antes, porém, me prometa,
Pelo Senhor do Bonfim,
Que à minha futura vaga
Você se apresenta, sim?
Muito saudar a Riobaldo,
Igualmente a Diadorim!

Louvado e prece

Isabel querida
– A menininha
mais bonitinha,
mais engraçadinha,
mais bizurunguinha
que eu já vi na minha vida
– amorável,
adorável,
a d o r á v e l !

Mas é mesmo uma menina?
Ou será, Manuel,
lírio da campina
botão de rosa no galho,
ou, na manhã fria
de abril, cristalina
gotinha de orvalho?
(De orvalho ou de mel?)
Se não é um doce,
é como se fosse.

É mais: um anjinho
muito seriozinho
caído do céu
por descuido, com

uma bonequinha
loura e coradinha
nos braços. Que bom
que é um anjo fresquinho
caído do céu!

*

Rogo a Deus, nosso Senhor,
seres meu anjo-guardião:
se um dia, seja em que for,
eu cair em tentação
(sou tão grande pecador!)
Peço-te que tu me salves,
salves o bardo Manuel,
    Isabel,
– Isabel Moreira Alves.

À maneira de...

...Alberto de Oliveira

Esse que em moço ao Velho Continente
Entrou de rosto erguido e descoberto,
E ascendeu em balão e, mão tenente,
Foi quem primeiro o sol viu mais de perto;

Águia da Torre Eiffel, da Itu contente
Rebento mais ilustre e mais diserto,
É o florão que nos falta (e não no tente
Glória maior), Santos Dumont Alberto!

Ah que antes de morrer, como soldado
Que malferido da refrega a poeira
Beija do chão natal, me fora dado

Vê-lo (tal Febo esplende e é luz e é dia)
Na que chamais de Letras Brasileira,
Ou melhor nome tenha, Academia.

...Olegário Mariano

Triste flor de milonga ao abandono,
Betsabé, Betsabé, que mal me fazes!
Ontem, a coqueluche dos rapazes,
E agora? pobre pássaro sem dono.

Primavera e verão foram-se. O outono
Chegou. Folhas no chão... Névoas falazes...
E aí vem o inverno... O fim das lindas frases...
O último sonho, e após, o último sono!

As cigarras calaram-se. Era tarde!
E hoje que no teu sangue já não arde
O fogo em que tanta alma se abrasou,

Choras, sem compreenderes que a saudade
É um bem maior do que a felicidade,
Porque é a felicidade que ficou!

...Augusto Frederico Schmidt

I

Daqui a trezentos anos
Não existirei mais.

Outros amarão e serão amados,
Outros terão livrarias católicas,
Outros escreverão no suplemento de domingo dos
                                    [jornais:
Eu não existirei mais.

Seja, não importa, Senhor!
Sou um pobre gordo.
Mas sei que eles também não serão felizes.

Eu sim, o serei então,
Quando debaixo da terra, magro, magro, só ossos,
Não existir mais.

II

Há muito o meu coração está seco,
Há muito a tristeza do abandono,
A desolação das coisas práticas
Entrou em mim, me diminuindo.

Porém de repente será talvez a contemplação
De um céu noturno como mais belo não vi,
Com estrelas de um brilho incrível,
De uma pureza incalculável, incrível.

A poesia voltará de novo ao meu coração
Como a chuva caindo na terra queimada.
Como o sol clareando a tristeza das cidades,
Das ruas, dos quintais, dos tristes e dos doentes.

A poesia voltará de novo, única solução para mim,
Única solução para o peso dos meus desenganos,
Depois de todas as soluções terem falhado:
O amor, os seguros, a água, a borracha.

A poesia voltará de novo, consoladora e boa,
Com uma frescura de mãos santas de virgem,
Com uma bondade de heroísmos terríveis,
Com uma violência de convicções inabaláveis.

Verei fugir todas as minhas amargas queixas de repente.
Tudo me parecerá de novo exato, sólido, reto.
A poesia restabelecerá em mim o equilíbrio perdido.
A poesia cairá em mim como um raio.

...E.E. Cummings

Thank you for the exquisite jam
Th
an
k you
too
) or also (
for the
71
Cumm
ings'
po? e! ms!!
An
d now –
get into this brazilian hammock and
let me sing for you:
"Lullaby
"Sleep on and on..."

Xaire, Elisabeth.

Cronologia

1886

A 19 de abril, nasce Manuel Carneiro de Souza Bandeira Filho, em Recife. Seus pais, Manuel Carneiro de Souza Bandeira e Francelina Ribeiro de Souza Bandeira.

1890

A família se transfere para o Rio de Janeiro, depois para Santos, São Paulo e novamente para o Rio de Janeiro.

1892

Volta para Recife.

1896-1902

Novamente no Rio de Janeiro, cursa o externato do Ginásio Nacional, atual Colégio Pedro II.

1903-1908

Transfere-se para São Paulo, onde cursa a Escola Politécnica. Por influência do pai, começa a estudar arquitetura. Em 1904, doente (tuberculose), volta ao Rio de Janeiro para se tratar. Em seguida, ainda em tratamento, reside em Campanha, Teresópolis, Maranguape, Uruquê e Quixeramobim.

1913

Segue para a Europa, para tratar-se no sanatório de Clavadel, Suíça. Tenta publicar um primeiro livro, *Poemetos melancólicos*, perdido no sanatório quando o poeta retorna ao Brasil.

1916

Morre a mãe do poeta.

1917

Publica o primeiro livro, *A cinza das horas*.

1918

Morre a irmã do poeta, sua enfermeira desde 1904.

1919

Publica *Carnaval*.

1920

Morre o pai do poeta.

1922

Em São Paulo, Ronald de Carvalho lê o poema "Os sapos", de *Carnaval*, na Semana de Arte Moderna. Morre o irmão do poeta.

1924

Publica *Poesias*, que reúne *A cinza das horas*, *Carnaval* e *O ritmo dissoluto*.

Exerce a crítica musical nas revistas *A Ideia Ilustrada* e *Ariel*.

1925

Exerce a crítica musical nas revistas *A Ideia Ilustrada* e *Ariel*.

Começa a escrever para o "Mês Modernista", página dos modernistas em *A Noite*.

1926

Como jornalista, viaja por Salvador, Recife, João Pessoa, Fortaleza, São Luís e Belém.

1928-1929

Viaja a Minas Gerais e São Paulo. Como fiscal de bancas examinadoras, viaja para Recife. Começa a escrever crônicas para o *Diário Nacional*, de São Paulo, e *A Província*, do Recife.

1930

Publica *Libertinagem*.

1935

Nomeado pelo ministro Gustavo Capanema inspetor de ensino secundário.

1936

Publica *Estrela da manhã*, em edição fora de comércio.

Os amigos publicam *Homenagem a Manuel Bandeira*, com poemas, estudos críticos e comentários sobre sua vida e obra.

1937

Publica *Crônicas da Província do Brasil*, *Poesias escolhidas* e *Antologia dos poetas brasileiros da fase romântica*.

1938

Nomeado pelo ministro Gustavo Capanema professor de literatura do Colégio Pedro II e membro do Conselho Consultivo do Departamento do Patrimônio Histórico e Artístico Nacional.

Publica *Antologia dos poetas brasileiros da fase parnasiana* e o ensaio *Guia de Ouro Preto*.

1940

Publica *Poesias completas* e os ensaios *Noções de história das literaturas* e *A autoria das "Cartas chilenas"*.

Eleito para a Academia Brasileira de Letras.

1941

Exerce a crítica de artes plásticas em *A Manhã*, do Rio de Janeiro.

1942

Eleito para a Sociedade Felipe d'Oliveira. Organiza *Sonetos completos e poemas escolhidos*, de Antero de Quental.

1943

Nomeado professor de literatura hispano-americana na Faculdade Nacional de Filosofia. Deixa o Colégio Pedro II.

1944

Publica uma nova edição ampliada das suas *Poesias completas* e organiza *Obras poéticas*, de Gonçalves Dias.

1945

Publica *Poemas traduzidos*.

1946

Publica *Apresentação da poesia brasileira*, *Antologia dos poetas brasileiros bissextos contemporâneos* e, no México, *Panorama de la poesía brasileña*.

Conquista o Prêmio de Poesia do IBEC.

1948

Publica *Mafuá do malungo: jogos onomásticos e outros versos de circunstância*, em edição fora de comércio, um novo volume de *Poesias escolhidas* e novas edições aumentadas de *Poesias completas* e *Poemas traduzidos*.
Organiza *Rimas*, de José Albano.

1949

Publica o ensaio *Literatura hispano-americana*.

1951

A convite de amigos, candidata-se a deputado pelo Partido Socialista Brasileiro, mas não se elege.
Publica nova edição, novamente aumentada, das *Poesias completas*.

1952

Publica *Opus 10*, em edição fora de comércio, e a biografia *Gonçalves Dias*.

1954

Publica as memórias *Itinerário de Pasárgada* e o livro de ensaios *De poetas e de poesia*.

1955

Publica *50 poemas escolhidos pelo autor* e *Poesias*. Começa a escrever crônicas para o *Jornal do Brasil*, do Rio de Janeiro, e *Folha da Manhã*, de São Paulo.

1956

Publica o ensaio *Versificação em língua portuguesa*, uma nova edição de *Poemas traduzidos* e, em Lisboa, *Obras poéticas*.
Aposenta-se compulsoriamente como professor de literatura hispano-americana da Faculdade Nacional de Filosofia.

1957

Publica o livro de crônicas *Flauta de papel* e a edição conjunta *Itinerário de Pasárgada/De poetas e de poesia*.
Viaja para Holanda, Inglaterra e França.

1958

Publica *Poesia e prosa* (obra reunida, em dois volumes), a antologia *Gonçalves Dias*, uma nova edição de *Noções de história das literaturas* e, em Washington, *Brief History of Brazilian Literature*.

1960

Publica *Pasárgada*, *Alumbramentos* e *Estrela da tarde*, todos em edição fora de comércio, e, em Paris, *Poèmes*.

1961

Publica *Antologia poética*. Começa a escrever crônicas para o programa *Quadrante*, da Rádio Ministério da Educação.

1962

Publica *Poesia e vida de Gonçalves Dias*.

1963

Publica a segunda edição de *Estrela da tarde* (acrescida de poemas inéditos e da tradução de *Auto sacramental do Divino Narciso*, de Sóror Juana Inés de la Cruz) e a antologia *Poetas do Brasil*, organizada em parceria com José Guilherme Merquior. Começa a escrever crônicas para o programa *Vozes da cidade*, da Rádio Roquette-Pinto.

1964

Publica em Paris o livro *Manuel Bandeira*, com tradução e organização de Michel Simon, e, em Nova York, *Brief History of Brazilian Literature*.

1965

Publica *Rio de Janeiro em prosa & verso*, livro organizado em parceria com Carlos Drummond de Andrade, *Antologia dos poetas brasileiros da fase simbolista* e, em edição fora de comércio, o álbum *Preparação para a morte*.

1966

Recebe, das mãos do presidente da República, a Ordem do Mérito Nacional.
Publica *Os reis vagabundos e mais 50 crônicas*, com organização de Rubem Braga, *Estrela da vida inteira* (poesia completa) e o livro de crônicas *Andorinha, andorinha*, com organização de Carlos Drummond de Andrade.

Conquista o título de Cidadão Carioca, da Assembleia Legislativa do Estado da Guanabara, e o Prêmio Moinho Santista.

1967

Publica *Poesia completa e prosa*, em volume único, e a *Antologia dos poetas brasileiros da fase moderna*, em dois volumes, organizada em parceria com Walmir Ayala.

1968

Publica o livro de crônicas *Colóquio unilateralmente sentimental*. Falece a 13 de outubro, no Rio de Janeiro.

Bibliografia básica sobre Manuel Bandeira

ANDRADE, Carlos Drummond de. Entre Bandeira e Oswald de Andrade. In: _____. *Tempo vida poesia*: confissões no rádio. Rio de Janeiro: Record, 1986.

_____. Manuel Bandeira. In: _____. *Passeios na ilha*: divagações sobre a vida literária e outras matérias. Rio de Janeiro: Organização Simões, 1952.

_____ et al. *Homenagem a Manuel Bandeira*. Rio de Janeiro: Typ. do *Jornal do Commercio*, 1936. 2. ed. fac-similar. São Paulo: Metal Leve, 1986.

ANDRADE, Mário de. A poesia em 1930. In: _____. *Aspectos da literatura brasileira*. 5. ed. São Paulo: Martins, 1974.

ARRIGUCCI JR., Davi. A beleza humilde e áspera. In: _____. *O cacto e as ruínas*: a poesia entre outras artes. 2. ed. São Paulo: Duas Cidades/Editora 34, 2000.

_____. Achados e perdidos. In: _____. *Outros achados e perdidos*. São Paulo: Companhia das Letras, 1999.

_____. *Humildade, paixão e morte*: a poesia de Manuel Bandeira. São Paulo: Companhia das Letras, 1990.

_____. O humilde cotidiano de Manuel Bandeira. In: SCHWARZ, Roberto (Org.). *Os pobres na literatura brasileira*. São Paulo: Brasiliense, 1983.

BACIU, Stefan. *Manuel Bandeira de corpo inteiro*. Rio de Janeiro: José Olympio, 1966.

BARBOSA, Francisco de Assis. *Manuel Bandeira, 100 anos de poesia*: síntese da vida e obra do poeta maior do Modernismo. Recife: Pool, 1988.

_____. Manuel Bandeira, estudante do Colégio Pedro II. In: _____. *Achados do vento*. Rio de Janeiro: Ministério da Educação e Cultura/Instituto Nacional do Livro, 1958.

BEZERRA, Elvia. *A trinca do Curvelo*: Manuel Bandeira, Ribeiro Couto e Nise da Silveira. Rio de Janeiro: Topbooks, 1995.

BRASIL, Assis. *Manuel e João*: dois poetas pernambucanos. Rio de Janeiro: Imago, 1990.

BRAYNER, Sônia (Org.). *Manuel Bandeira*. Rio de Janeiro: Civilização Brasileira; Brasília: Instituto Nacional do Livro, 1980.

CANDIDO DE MELLO E SOUZA, Antonio. Carrossel. In: _____. *Na sala de aula*: caderno de análise literária. São Paulo: Ática, 1985.

_____; MELLO E SOUZA, Gilda de. Introdução. In: BANDEIRA, Manuel. *Estrela da vida inteira*: poesias reunidas. Rio de Janeiro: José Olympio, 1966.

CARPEAUX, Otto Maria. Bandeira. In: _____. *Ensaios reunidos*: 1942-1968. Rio de Janeiro: UniverCidade/ Topbooks, 1999.

_____. Última canção – vasto mundo. In: _____. *Origens e fins*. Rio de Janeiro: Casa do Estudante do Brasil, 1943.

CASTELLO, José Aderaldo. Manuel Bandeira – sob o signo da infância. In: _____. *A literatura brasileira*: origens e unidade. São Paulo: Edusp, 1999. v. 2.

COELHO, Joaquim-Francisco. *Biopoética de Manuel Bandeira*. Recife: Massangana, 1981.

_____. *Manuel Bandeira pré-modernista*. Rio de Janeiro: José Olympio; Brasília: Instituto Nacional do Livro, 1982.

CORRÊA, Roberto Alvim. Notas sobre a poesia de Manuel Bandeira. In: _____. *Anteu e a crítica*: ensaios literários. Rio de Janeiro: José Olympio, 1948.

COUTO, Ribeiro. *Três retratos de Manuel Bandeira*. Organização de Elvia Bezerra. Rio de Janeiro: Academia Brasileira de Letras, 2004.

ESPINHEIRA FILHO, Ruy. *Forma e alumbramento*: poética e poesia em Manuel Bandeira. Rio de Janeiro: José Olympio/Academia Brasileira de Letras, 2004.

FONSECA, Edson Nery da. *Alumbramentos e perplexidades*: vivências bandeirianas. São Paulo: Arx, 2002.

FREYRE, Gilberto. A propósito de Manuel Bandeira. In: _____. *Tempo de aprendiz*. São Paulo: Ibrasa; Brasília: Instituto Nacional do Livro, 1979.

_____. Dos oito aos oitenta. In: _____. *Prefácios desgarrados*. Rio de Janeiro: Cátedra; Brasília: Instituto Nacional do Livro, 1978. v. 2.

_____. Manuel Bandeira em três tempos. In: _____. *Perfil de Euclides e outros perfis*. 2. ed. aumentada. Rio de Janeiro: Record, 1987. 3. ed. revista. São Paulo: Global, 2011.

GARBUGLIO, José Carlos. *Roteiro de leitura*: poesia de Manuel Bandeira. São Paulo: Ática, 1998.

GARDEL, André. *O encontro entre Bandeira e Sinhô*. Rio de Janeiro: Secretaria Municipal de Cultura/ Departamento Geral de Documentação e Informação Cultural/Divisão de Editoração, 1996.

GOLDSTEIN, Norma Seltzer. *Do penumbrismo ao Modernismo*: o primeiro Bandeira e outros poetas significativos. São Paulo: Ática, 1983.

_____ (Org.). *Traços marcantes no percurso poético de Manuel Bandeira*. São Paulo: Humanitas, 2005.

GOYANNA, Flávia Jardim Ferraz. *O lirismo antirromântico em Manuel Bandeira*. Recife: Fundarpe, 1994.

GRIECO, Agrippino. Manuel Bandeira. In: _____. *Poetas e prosadores do Brasil*: de Gregório de Matos a Guimarães Rosa. Rio de Janeiro: Conquista, 1968.

GUIMARÃES, Júlio Castañon. *Manuel Bandeira*: beco e alumbramento. São Paulo: Brasiliense, 1984.

_____. *Por que ler Manuel Bandeira*. São Paulo: Globo, 2008.

IVO, Lêdo. *A república da desilusão*: ensaios. Rio de Janeiro: Topbooks, 1994.

_____. Estrela de Manuel. In: _____. *Poesia observada*: ensaios sobre a criação poética e matérias afins. 2. ed. São Paulo: Duas Cidades, 1978.

_____. *O preto no branco*: exegese de um poema de Manuel Bandeira. Rio de Janeiro: São José, 1955.

JUNQUEIRA, Ivan. Humildade, paixão e morte. In: _____. *Prosa dispersa*: ensaios. Rio de Janeiro: Topbooks, 1991.

_____. *Testamento de Pasárgada*. Rio de Janeiro: Nova Fronteira, 1980. 3. ed. São Paulo: Global, 2014.

KOSHIYAMA, Jorge. O lirismo em si mesmo: leitura de "Poética" de Manuel Bandeira. In: BOSI, Alfredo (Org.). *Leitura de poesia*. São Paulo: Ática, 1996.

LIMA, Rocha. *Dois momentos da poesia de Manuel Bandeira*. Rio de Janeiro: José Olympio, 1992.

LOPEZ, Telê Porto Ancona (Org.). *Manuel Bandeira*: verso e reverso. São Paulo: T. A. Queiroz, 1987.

MARTINS, Wilson. Bandeira e Drummond... In: _____. *Pontos de vista*: crítica literária 1954-1955. São Paulo: T. A. Queiroz, 1991. v. 1.

_____. Manuel Bandeira. In: _____. *A literatura brasileira*: o Modernismo. São Paulo: Cultrix, 1965. v. 6.

MERQUIOR, José Guilherme. O Modernismo e três dos seus poetas. In: _____. *Crítica 1964-1989*: ensaios sobre arte e literatura. Rio de Janeiro: Nova Fronteira, 1990.

MILLIET, Sérgio. *Panorama da moderna poesia brasileira*. Rio de Janeiro: Ministério da Educação e Saúde/Serviço de Documentação, 1952.

MONTEIRO, Adolfo Casais. *Manuel Bandeira*. Rio de Janeiro: Ministério da Educação e Cultura/Serviço de Documentação, 1958.

MORAES, Emanuel de. *Manuel Bandeira*: análise e interpretação literária. Rio de Janeiro: José Olympio, 1962.

MOURA, Murilo Marcondes de. *Manuel Bandeira*. São Paulo: Publifolha, 2001.

MURICY, Andrade. Manuel Bandeira. In: _____. *A nova literatura brasileira*: crítica e antologia. Porto Alegre: Globo, 1936.

_____. Manuel Bandeira. In: _____. *Panorama do movimento simbolista brasileiro*. 2. ed. Brasília: Conselho Federal de Cultura/Instituto Nacional do Livro, 1973. v. 2.

PAES, José Paulo. Bandeira tradutor ou o esquizofrênico incompleto. In: _____. *Armazém literário*: ensaios. São Paulo: Companhia das Letras, 2008.

_____. Pulmões feitos coração. In: _____. *Os perigos da poesia e outros ensaios*. Rio de Janeiro: Topbooks, 1997.

PONTIERO, Giovanni. *Manuel Bandeira*: visão geral de sua obra. Tradução de Terezinha Prado Galante. Rio de Janeiro: José Olympio, 1986.

ROSENBAUM, Yudith. *Manuel Bandeira*: uma poesia da ausência. São Paulo: Edusp; Rio de Janeiro: Imago, 1993.

SENNA, Homero. Viagem a Pasárgada. In: _____. *República das letras*: 20 entrevistas com escritores. 2. ed. revista e ampliada. Rio de Janeiro: Gráfica Olímpica, 1968.

SILVA, Alberto da Costa e. Lembranças de um encontro. In: _____. *O pardal na janela*. Rio de Janeiro: Academia Brasileira de Letras, 2002.

SILVA, Beatriz Folly e; LESSA, Maria Eduarda de Almeida Vianna. *Inventário do arquivo Manuel Bandeira*. Rio de Janeiro: Fundação Casa de Rui Barbosa, 1989.

SILVA, Maximiano de Carvalho e. *Homenagem a Manuel Bandeira*: 1986-1988. Niterói: Sociedade Sousa da Silveira; Rio de Janeiro: Monteiro Aranha/Presença, 1989.

SILVEIRA, Joel. Manuel Bandeira, 13 de março de 1966, em Teresópolis: "Venham ver! A vaca está comendo as flores do Rodriguinho. Não vai sobrar uma. Que beleza!". In: _____. *A milésima segunda noite da avenida Paulista e outras reportagens*. São Paulo: Companhia das Letras, 2003.

VILLAÇA, Antonio Carlos. M. B. In: _____. *Encontros*. Rio de Janeiro/Brasília: Editora Brasília, 1974.

_____. Manuel, Manu. In: _____. *Diário de Faxinal do Céu*. Rio de Janeiro: Lacerda, 1998.

XAVIER, Elódia F. (Org.). *Manuel Bandeira*: 1886-1986. Rio de Janeiro: UFRJ/Antares, 1986.

XAVIER, Jairo José. *Camões e Manuel Bandeira*. Rio de Janeiro: Ministério da Educação e Cultura/ Departamento de Assuntos Culturais, 1973.

Índice de primeiros versos

A Academia anda triste,	202
A aranha morde. A graça arranha	40
À mão que o dispensa deve	199
A nação elegeu-o seu Presidente	212
À quarante et un an (c'est mon âge)!	157
A Thiago e Pomona ofereço	191
A thing of beauty is a joy	59
Acaba a Alegria	189
Adalardo! Nome assim	78
Ady Marinho,	180
Amigo houve aqui que excomungo:	90
Ana – Sant'Ana – principia.	29
Ando sem inspiração...	86
André, André, André,	112
Anthony Robert,	91
Atirei um limão-doce	160
Bela, Bela, ritornelo	44
Bondade é coisa que na vida	181
Cantei Maria da Glória	188
Carla, és bonita. Pudera!	186
Casa-Grande & Senzala,	138
Como chega às de ouro agora,	184
Como foi que temperaste,	194
Como melhor precisar	48
Craveiro, dá-me uma rosa!	211
Cresça em beleza, em simpatia e graças cresça	94

Daqui a trezentos anos	233
De Alvim e Melo Franco (Minas),	102
De Ely e Lorita, brandos, nasce a branda	81
De John o agrado mais terno,	167
Depois de tamanhas dores,	123
Deus dê a este novo Isaías	107
Disse um poeta de renome	76
Dizem os lábios	45
Doces de açúcar e gemas	179
Duas Marias: Cristina	54
Em brigas não tomo parte,	200
Em Josefina	25
Em Laura Constância	97
En el día 10 de Enero	69
És grande e bela, como as deusas e as esfinges	185
Esse José Bittencourt	88
Esse que em moço ao Velho Continente	231
Esta é Glória, esta é Maria;	23
Este menino, que só	103
Estes não são de gaveta.	140
Eunice meiga,	63
Excelentíssimo General	210
Excelentíssimo Prefeito	151
Figueiredo Fidelino,	113
Fosse eu Rubén Darío e mil	75
Francisca, Chica, Chiquita,	82
Francisca, Francisca,	61
Francisca, Francisca,	62
Francisca, me dá	60
Fui sempre um homem alegre.	178

Glória aos poetas de Portugal.	209
– Glória, Maria da Glória.	26
Governador desta cidade,	165
Há trinta anos (tanto corre	154
Helena Maria:	217
Hoje, afilhado, és pirralho.	52
Honra ao holandês exemplar	110
Honra ao que, bom português,	57
Houve na Grécia antiga uma beleza rara	85
Isabel querida	226
Já cantei Clara de Andrade;	36
Jantando uma vez em casa de Odylo,	192
John Talbot, John Talbot,	53
Lágrimas, duas a duas,	219
Leda Letícia, delícia	68
Magu, Magu, maga magra,	30
Mais do que tu de mim	79
Mais te amo, ó poesia, quando	65
Malungo, malungulungo,	168
Manuel Bandeira	83
Março. Visita da princesa inglesa.	204
Marcus Vinicius	197
Maria dá glória à menina,	38
Mário	114
Meus caros primos, na data	106
Muitas vezes, de repente,	32
Muitas vezes a beira-mar	77
Mulheres neste mundo de meu Deus	193
Não degenera quem sai	27
Não é Joe, não é Joana,	50

Não é ruim, não é do Couto,	35
Não me tocou levemente:	73
Não permita Deus que eu morra	224
Não só no nome que brilha	49
Não te posso dar flor nem fruto. Folha ou galho,	37
– Não voto no militar; voto no homem escandaloso.	126
No Hotel D. Pedro	96
No vale do Tribobó	141
Nudez anatômica	145
Nunca lhe falte a esta toalha	153
O animal deu nome às ilhas:	156
O anjo, embuçado	87
O autêntico poeta, dileto	24
O Brigadeiro é católico:	125
O Mestre me ensinou:	137
O poeta Augusto Frederico	56
O poeta Pedro Nava quando	89
O poeta te deseja, Hilda, o favor divino	55
O sentimento do mundo	41
O suplicante – Padre Nosso, que estás no céu, santificado seja o teu nome. Venha a nós o teu reino. Seja feita a tua vontade, assim na terra como no céu. O pó nosso de cada dia nos dá hoje...	134
Olhei pra ela com toda a força	162
Omoussi, quero ver neste	39
Outro, não eu, ó debutantes!	136
Para a filha (Feliciana?	47
Para que não falem as más	70
Paris encanta. Londres mete medo.	183
Poeta do *Forrobodó*,	119
Pois que és Isadora,	67

Por Maria Teresa,	74
Primeiro houve entradas para pegar índio	148
Pronuncie-se, não no exato	108
Provinciano que nunca soube	131
Quando de longe te vi,	158
Quando já a luz do dia	172
Quanto mede e quanto pesa,	80
Que a Murilo e Saudade vás	190
Que delícia na mata o fio d'água	218
Que idade risonha e bela,	43
– Que menino inteligente	98
"Queixem-se outros de gota, reumatismo",	203
Quelque chose de doux, très doux,	104
Quisera poder molhar	92
Raquel, angélica flor	216
Recebi o seu telegrama,	196
Refrão de glória, eis vem no trilho	34
Respondo a Guimarães Rosa	225
Rosalina.	64
Saber comigo como é Poesia?...	182
Sacha muchacha,	58
Santa Teresa olhai por nós	132
Sapo-cururu	135
Sara de olhar meigo e bom,	42
Se as cores perder o João	101
Se tomares como Norma	66
Senhor Bom Jesus do Calvário e da Via-Sacra	144
Seu avô me disse:	109
Só mesmo um santo	93
Sombra da nuvem no monte,	161

Sônia, filha de Gilberto	111
Sou a única bisneta	51
Susana nasceu	33
Teu nome, voz das sereias,	84
Teu pé... Será início ou é	147
Thank you for the exquisite jam	235
Thiago de Mello, cuidado!	95
Trago n'alma a devoção	28
Triste flor de milonga ao abandono,	232
Trôpego, reumático, surdo,	177
Tudo quanto é puro e cheira:	46
Um dia destes a saudade	201
Um obelisco monolítico é a verdade nua em praça pública	214
Uma é Magda Becker Soares;	120
Urânia junto a Maria:	72
Vai a bênção que pediste.	31
Vejo-a dançando tão leve e linda,	222
Ver-te e amar-te, Vera Marta,	71
Vi uma estrela tão alta,	206
Viva a xará da Imperatriz,	105
Você Chamou Maria Helena "o anjo lindo de Tuquinha".	187
Vou-me embora pra Pasárgada.	207

Índice

O Bandeira o que é? É poeta ou não é? – *Rosana Kohl Bines* 11

Jogos onomásticos	21
Maria da Glória Chagas	23
Prudente de Morais Neto	24
Josefina	25
Maria da Glória	26
Carlos Chagas Filho	27
Clara de Andrade	28
Ana Margarida Maria	29
Magu	30
Odylo-Nazareth	31
Sílvia Maria	32
Susana de Melo Moraes	33
Alphonsus de Guimaraens Filho	34
Ribeiro Couto	35
Clara Ramos	36
Verlaine	37
A Maria da Glória no seu primeiro aniversário	38
Omoussi	39
Temístocles da Graça Aranha	40
Carlos Drummond de Andrade	41
Sara	42
Célia	43
Bela	44
Elisa	45

Sílvia Amélia	46
Liliana	47
Rodrigo M.F. de Andrade	48
Otávio Tarquínio de Sousa	49
Joanita	50
Maria Helena	51
Álvaro Augusto	52
John Talbot	53
Duas Marias	54
Hilda Moscoso	55
Augusto Frederico Schmidt	56
Jaime Cortesão	57
Sacha	58
Keats	59
Francisca	60
Rosa Francisca	61
Rosa Francisca Adelaide	62
Eunice Veiga	63
Rosalina	64
Murilo Mendes	65
Márcia	66
Isadora	67
Leda Letícia	68
Homero Icaza	69
Solange	70
Vera Marta	71
Urânia Maria	72
Celina Ferreira	73
Maria Teresa	74
Ana Margarida	75

Maria Cândida	76
Marisa	77
Adalardo	78
Eduarda	79
A Arnaldo Vasconcelos, respondendo à pergunta: "Quanto mede e quanto pesa o seu coração?"	80
Oitava camoniana para Fernanda	81
Francisca	82
Manuel Bandeira	83
Teu nome	84
Soneto parnasiano e acróstico em louvor de Helena Oliveira	85
Márcia dos Anjos	86
Anunciação	87
Luísa, Marina e Lúcia	88
Nieta Nava	89
Eneida	90
Anthony Robert	91
Isá	92
Mag	93
Maria Isabel	94
Thiago de Mello	95
Adalgisa	96
Laura Constância	97
Miguelzinho e Isabel	98
João Condé	101
Nininha Nabuco	102
Tomy	103
Marie-Claude	104
Cristina Isabel	105
Zezé-Arnaldo	106

Isaías	107
Lêdo Ivo	108
Mônica Maria	109
G.S. de Clerq Júnior	110
Sônia Maria	111
André	112
Fidelino de Figueiredo	113
Variações sobre o nome de Mário de Andrade	114
Vital Pacífico Passos	119
Poema de duas Magdas	120
LIRA DO BRIGADEIRO	121
O Brigadeiro	123
Brigadeiro praticante	125
Embolada do Brigadeiro	126
OUTROS POEMAS	129
Autorretrato	131
Oração a Santa Teresa	132
Sonho de uma noite de coca	134
Sapo-cururu	135
Madrigal para as debutantes de 1946	136
Astéria	137
"Casa-Grande & Senzala"	138
Agradecendo uns maracujás	140
Rondó do atribulado do Tribobó	141
Prece	144
Idílio na praia	145
Madrigal do pé para a mão	147
Itaperuna	148
Carta-poema	151
Na toalha de mesa de R.C.	153
A Jorge Medauar	154

Adivinha	156
41	157
Madrigal muito fácil	158
Trova	160
Outra trova	161
Dois anúncios	162
Petição ao prefeito	165
A Moussy	167
Dedicatórias da primeira edição	168
Três letras para melodias de Villa-Lobos	172
No aniversário de Maria da Glória	177
Toada	178
Agradecendo doces a Stella Leonardos	179
Madrigal epitalâmico	180
Bodas de ouro	181
Resposta a Alberto de Serpa	182
Cartão-postal	183
A Antenor Nascentes	184
Allinges	185
Carla	186
Poema para Tuquinha	187
Epitalâmio para Maria da Glória e Rodolfo	188
Ria, Rosa, Ria!	189
Votos de Ano-Bom a Murilo e Saudade	190
Dedicatória de *Opus 10* a Thiago e Pomona	191
Nossa Senhora de Nazareth	192
Cantiga de amor	193
Portugal, meu avozinho	194
A Afonso	196
Saudação a Vinicius de Moraes	197
Resposta a Carlos Drummond de Andrade	199

Tema e voltas	200
O Palacete dos Amores	201
Trovas para Adelmar	202
Viriato octogenário	203
Balanço de março de 1959	204
Mote e glosas	206
Saudades do Rio antigo	207
Improviso	209
A espada de ouro	210
Craveiro, dá-me uma rosa	211
Elegia de agosto	212
O obelisco	214
Raquel	216
Helena Maria	217
Edmée	218
Elegia inútil	219
Imagens de Juiz de Fora	222
A Guimarães Rosa	224
Retruque a Guimarães Rosa	225
Louvado e prece	226
À MANEIRA DE...	229
...Alberto de Oliveira	231
...Olegário Mariano	232
...Augusto Frederico Schmidt	233
...E.E. Cummings	235
Cronologia	237
Bibliografia básica sobre Manuel Bandeira	243
Índice de primeiros versos	249

Conheça outros livros de Manuel Bandeira publicados pela Global Editora:

Estrela da manhã

Estrela da manhã, publicado pela primeira vez em 1936, reafirma a posição assumida pelo poeta a partir de *Libertinagem*, seu livro anterior: a linguagem irônica alcançando a plenitude do coloquial, as nuanças de humor trágico, a insistência na poética de ruptura com a tradição, a exploração do folclore negro, o tema do "poeta sórdido", o interesse pela vertente social, a insuspeitada nostalgia da pureza.

O livro reúne alguns dos poemas mais importantes de Bandeira, a começar pelo que dá título ao livro, que se inicia pela quadra: "Eu quero a estrela da manhã/ Onde está a estrela da manhã?/ Meus amigos meus inimigos/ Procurem a estrela da manhã", e termina com o apelo doloroso: "Procurem por toda parte/ Pura ou degradada até a última baixeza/ Eu quero a estrela da manhã".

Em "Oração a Nossa Senhora da Boa Morte", o poeta revela sua religiosidade de sabor popular, tão brasileira. "Balada das três mulheres do sabonete Araxá" é uma variante moderna e um tanto irreverente de um poema famoso de Luís Delfino, "As três irmãs". Outros momentos marcantes do volume são o sintético e obsessivo "Poema do beco" ("Que importa a paisagem, a Glória, a baía, a linha do horizonte?/ – O que eu vejo é o beco"), "Momento num café", "Tragédia brasileira", "Conto cruel", "Rondó dos cavalinhos", "Marinheiro triste", estrelas de primeira grandeza da poesia brasileira.

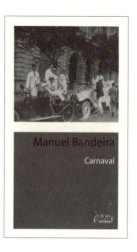

Carnaval

    Na trajetória literária de Manuel Bandeira, ele próprio considerou *Carnaval* um rito de passagem. O poeta atribuiu ao livro certa falta de unidade. Era sua segunda publicação: dois anos antes, também com recursos próprios e em edição limitada, se havia lançado com *A cinza das horas*.
    Se no primeiro temos um Bandeira preso ao modelo parnasiano, aos moldes do verso metrificado e das formas clássicas, *Carnaval* esboça as primeiras aventuras na nova estética, que anteciparia o Modernismo. O poema "Os sapos" foi o grande modelo dos modernistas, e causou furor quando Ronald de Carvalho o leu no Teatro Municipal de São Paulo, em plena Semana de Arte Moderna, em 1922, sob vaias efusivas.
    Carnaval é uma obra que antecipa a liberdade que o poeta pernambucano virá experimentar na plenitude com *Libertinagem*, logo adiante. Mas, rito de passagem que é, e como se o deve ler, neste livro vem o germe de toda a grandeza da obra bandeiriana, que faz a transição perfeita entre os séculos XIX e XX, entre a velha forma de cantar e a nova. Mestre em ambas, Bandeira impôs a aura de respeitabilidade e foi de fundamental importância na consolidação da nova linguagem poética.
    Trata-se aqui, obviamente, de um livro temático, que explora um tema insculpido no imaginário coletivo da época, o Carnaval. A saga de Pierrô, o sensível ambíguo, Arlequim, o macho predador, e Colombina, a amada disputada, já permeava a estética europeia, nas máscaras venezianas e nos quadros de Picasso.
    Pode-se ler este volume como estudo para uma compreensão da evolução da poesia brasileira nos últimos dois séculos, e pode-se-o ler, também, e com mais prazer, saboreando cada poema, como as contas de um colar presas em um fio de festa dionisíaca.

Libertinagem

Libertinagem, publicado em 1930 em edição de quinhentos exemplares, é uma obra essencial de Manuel Bandeira. Muitos dos poemas que figuram neste livro são marcos da poesia brasileira, como "Vou-me embora pra Pasárgada", "Evocação do Recife" e "Pneumotórax", além de muitos outros inesquecíveis que marcaram gerações de leitores. É um desses livros raros e eternos, que não podem faltar em nenhuma biblioteca.

Embora seja seu quarto livro de poesia, *Libertinagem* é considerado o primeiro totalmente afinado com a poesia modernista do grupo da Semana de Arte Moderna de 1922, não como adesão política, mas como construção de afinidades estéticas. A busca por uma "brasilidade", o tom irreverente e o coloquialismo, daquilo que o poeta chamou "língua errada do povo, língua certa do povo", são marcas do Modernismo em Bandeira. O verso livre, grande ruptura da poesia modernista, alcança com Bandeira um novo patamar: educado na escola da forma fixa, o poeta livra-se dela sem perder o que com ela aprendeu, criando, a partir de ritmos e da musicalidade, versos perfeitamente articulados.

A poesia de Manuel Bandeira dá a impressão de uma permanente oralidade, um murmúrio interior em constante diálogo com o que há de mais moderno e popular naquele Brasil do século XX em constante transformação. Com tantos poemas memoráveis, podemos compreender porque o nome do autor está entre nossos maiores artistas da palavra.

GRÁFICA PAYM
Tel. [11] 4392-3344
paym@graficapaym.com.br